「アメリカ社会」入門
英国人ニューヨークに住む

コリン・ジョイス
colin joyce

谷岡健彦 訳
tanioka takehiko

NHK出版
生活人新書
293

校正　鶴田万里子
ＤＴＰデザイン　佐藤裕久

「アメリカ社会」入門　目次

THE JUG 06

アメリカ、この魅力的で奇妙な国

成人してから、ぼくはふたつの国に住んだ。いずれも母国イギリスではない。日本とアメリカだ。どちらの国に、より強い違和感を覚えるかと聞かれたら、ぼくは間違いなくアメリカと答えるだろう。

人はよく「アングロ・サクソン諸国」だとか、「英語圏の国々」といった言い回しを口にする。かつて日本には「鬼畜米英」という言葉もあった。どうやら、アメリカとイギリスは区別がつきにくいらしい。

この点に関しては、ぼくははっきり異を唱えたい。アメリカとイギリスはちがう。微妙なちがいもあるが、根本的にちがうところもある。ぼくは、アメリカへ来て二年になるが、いまだにアメリカ人のことがわからなくなることが多いのだ。この国で暮らしていると、いろいろな疑問が頭に浮かぶ。「いったい、アメリカ人というのはなにを考えているのだろう?」「どうして、こんな奇妙な信念を抱くにいたったのだろうか?」「なぜ、あんなに陽気なんだ?」「あの根拠のない自信はどこから来る?」「あまり外国へ出かけたがらないのは、なぜ?」「どうして、そこまでして働く?」「あんなに大金をかけておきながら、どうして出来上がった映画はろくでもないの?」「お互い、いがみ合ってばかりいる国民なのに、愛国心だけは強いというのはなぜ?」「どうして、なんでもすぐ裁判に持ち込むの?」「いったい、チアリーダーって、なに?」……

日本の方がわかりやすいというのは、なにもぼくが日本にはアメリカよりも長く、一五年間も住んでいたからというだけではないと思う。ぼくは日本で暮らす前、イギリスとはまるっきりちがう国を想像していた。しかし、長く住むうちに、最初はとまどった習慣も、しだいによく理解できるようになり、結局、人間のすることはどこでもたいして変わらないという考えに行き着いたのである。

アメリカの場合、話は逆だ。ぼくは、アメリカ人はだいたいイギリス人と似ているだろう、ちょっと変わったところもあるらしいが、それは織り込み済みだと考えて、アメリカにやって来たのだが、完全に間違っていた。いろいろと見聞きし、この国について知れば知るほど、ますます、まだまだわからないところがたくさんあると思ってしまうのである。

ぼくは昔から、とくにアメリカに関心があったわけではない。子どもの頃、ぼくは古代ギリシアやローマの本を読むのが好きだったし、その頃の夢と言えば、ドイツを旅して回ること、アムステルダムに住むこと、フランス語を話せるようになることだったように思う。そんなぼくにとって、アメリカは、大国だが、どこかけばけばしく、文化の香りがあまり感じられない国に思えた。建国以来の歴史がまだ短いために、ヨーロッパ諸国の持つ落ち着きが欠けているように見えたのだろう。大学時代の三年間で（イギリスの学部は三年制）、ぼくは一度だけ仮病を使ったことがあるが、それはアメリカ史についての講義がある週だった。

しかし、アメリカを無視したところで、アメリカが消えてしまうわけではない。むしろ、その存在は、ぼくの意識の中でだんだん大きくなってゆくようだった。ジャーナリストとしての仕事を始めた当初、ぼくは、この現代の大国について学ぶのも仕事のひとつとしか考えていなかったように思う。ところが、そのうち、この国に対する好奇心がわいてきたのである。『ニューズウィーク日本版』の編集部で働いていたため、アメリカの雑誌に目を通す機会が多かったのだが、記事の内容やテーマには、しばしばとまどいを覚えた。驚くほど視野が狭いし、自信たっぷりな調子で書かれているわりには、その主張を支える根拠が薄い。かと思うと、ときに素晴らしく明晰かつ知的で、またユーモアに富んだ記事もあるのである。

ニューヨークを初めて訪れたときに、ぼくの印象に強く残ったのも、このように相反するものが共存していることだった。総じて健康への関心が高い国民だというのに、男たちはこぞって葉巻を吹かしている（ぼくが初めてニューヨークへ行ったのは、一九九七年のことだ）。また、マンハッタンで見かける人たちは、みな身体が細い。ひろく報じられていたアメリカでの肥満の蔓延など誇張かと思ったが、ブルックリンのフルトン・ストリートへ出かけてみると、太っている人の姿がたくさん目につくようになる。しかも、その多くは黒人だ。アメリカ社会がいかに人種や階層ごとに分断されているか、つくづく痛感させられる光景だった。

相反するものの共存は、それだけにとどまらない。ある日、高い教養を持ち、真摯に日々を生きている人と知り合いになれたかと思うと、別の日、まるで馬鹿なB級コメディ映画からそのまま脱け出てきたような中身のない若い銀行員に紹介される。あるいは、素晴らしい美術展や舞台を堪能した帰り、地下鉄の車内でファストフードを頬張っているマナーの悪い人が目に入る、といった具合だ。ぼくは、こうしたアメリカに、ときに大きな反発を感じつつも、それと同じくらい強く心が惹かれていったのである。

もちろん、アメリカに関心がある外国人は、ぼくだけではない。それどころか、ときどき、世界中の人びとがアメリカの出来事に注目しているのではないかと感じることすらある。バラク・オバマ大統領の就任演説などは、その好例だろう。いろいろな試算があるようだが、イギリスの『タイムズ』紙によると、就任演説の視聴者の数は全世界で二五億人にのぼるという。二五億人！　イギリスでもっとも格式あるサッカーの試合、FAカップの決勝戦の視聴者数をも上回る数字ではないか。しかも、カップ戦の決勝とはちがい、就任演説ではとくに予想外のことは起こりそうもないのである。この日、オバマ大統領の言葉に耳を傾けていた人たちのうち、どれだけの割合の人が、日本のいまの首相の名前を言えるだろうか。あるいは、ゴードン・ブラウンがイギリスの首相に就任した年を知っている人は、いったい、どれくらいいるだろう？

冷戦の終結以降、われわれが、唯一の超大国アメリカによって規定される世界に生きているのは明らかだ。たいていの新聞の「国際面」が、実質的には「アメリカ面」になっている現実を見ればいい。あるいは、世界中の多くの子どもたちを見ればいい。彼らは、アメリカの文物ならなんでも優れていると、自動的に思い込んでいる。アメリカの強い影響下にあるのは、なにも子どもたちばかりではない。きちんと教育を受けたイギリスの大人の多くも、アメリカについての報道となると、他国の出来事というのに、ただ関心を持っているというレベルにとどまっておられず、ときに感情的になって、ひどく憤慨したり、大喝采を送ったりするのである。大統領選の最中には、どちらの政党の政策に賛成で、どちらの候補に投票するかなどと話し合っているイギリス人の姿もあちこちで見受けられた——そもそも、選挙権を有していないにもかかわらず。

つまり、現代においては、人はアメリカについて、なにか意見を持っていなければならないのだ。アメリカに関心のない海外特派員なんて、人間関係の機微に興味のない小説家や、シェイクスピアの劇について、なにひとつ独自の見解を持たない演劇評論家のようなものだろう。

二〇〇六年のことだ。『アトランティック』という雑誌の八月号に、「古今アメリカの有力者一〇〇」という記事が掲載された。その記事を見て、ぼくは愕然としてしまった。何年もアメリカについて学んできたつもりだったのに、ぼくがきちんと知っていたのは、そのうちの四八人にすぎなかったのである。名前は耳にしたことがあるという人物が、あと一〇人ばかりいたが、それでも三分の二にすら届かない。この記事は、まだインターネット上で読むことができるようだから、読者のみなさんもどれくらい知っているか、試してみられるといいと思う。ブッカー・T・ワシントンや、メアリー・ベイカー・エディといった名前になじみのある方は、どれくらいいらっしゃるだろう?

結局、生半可な知識では役に立たないとわかった。そこで、ぼくは、この魅力的で奇妙な国についてもっと見聞を広げるべく、現地へ赴くことにしたのである。

1

ニューヨーカー
もっとも無礼で粗野な人たち？

ニューヨーカーは、世界でもっとも無礼な人たちだ。ニューヨークへ来て、理由もなく、このように失礼な扱いを受けるとは、まったく思いもしなかった。人がここまで礼儀知らずになれるなんて、もう完全にカルチャーショックと言ってよい。読者のみなさんの多くも、ぼくのこうした意見に同意してくださるのではないだろうか。「よく聞く話だ」という声が聞こえてきそうだ……。

右に書いたことは、実はぼくの経験とまったく正反対である。ぼくの印象では、ニューヨーカーは世界でも際立って礼儀正しい人たちだし、彼らがいつもマナーよく、親しげに振舞うのには驚かされる。実際、ニューヨークにやって来て、しばらくの間、ぼくは街を歩きながら、なにかよからぬことが起きているのではないかと疑っていた。この街の人びとはものすごく丁寧にぼくに接してくれるが、その親切な仮面の下ではニューヨーク流の巧妙な悪だくみが進行していて、ぼんやりしていると強盗や詐欺の被害に遭うかもしれないと考えていたのである。だいたい、ぼくは『おかしな夫婦』という映画を観ている（初めてニューヨークにやって来たふたりが、金品を奪われ、見くびられ、いやがらせを受ける話だ）。映画『クロコダイル・ダンディー』の中で、主人公がニューヨークという街の洗礼を受ける有名な場面を誰が忘れられよう。クロコダイル・ダンディーがタクシーから身を乗り出して自己紹介をしようとすると、彼が話しかけた相手ふたりは、歩道で大声を出して怒鳴り合っているのである。

街でよく「どう、今日の調子は?」と聞かれる。「ええ、まあ」と、ぼくはことさら、そっけなく答える——ぼくはそう簡単に大事な貯金を騙し取られるような人間ではないぞと、相手に目つきで伝えながら。見知らぬ人が微笑みかけてくる。こちらからも軽く会釈を返すが、この会釈は「お前の魂胆はわかっているよ」という意味だ。

しかし、日が経つにつれ、ぼくはだんだん自信がなくなってきた。ひょっとしたら、ニューヨークの人たちは、実は少しも下心などなしに、ぼくに親切に接してくれているのではないかと思い始めたのである。もし、ぼくが考えているように、この街にほんとうに礼儀正しい人がほとんどいないのであれば、統計学的に言って、ぼくがこれまでそのかぎられた少数の人びととばかり出会ってきたとは考えにくい。また、ぼくの容姿のよさとイギリス英語のアクセントに、街で会う人たちがことごとく魅了され、ぼくに対して礼儀よく振舞っていると思えるほど、ぼくは自惚《うぬぼ》れが強くない。そうなると、こう結論するほかないだろう。つねに人びとのマナーがよいところから判断すると、これまでの自分の思い込みは完全に間違っていた、と。ニューヨーカーは、敵意にあふれた変わり者ではなく、行儀のいい上品な人たちだったのである。

たとえば、ニューヨークに来るまで、ぼくは"sir"という敬称をつけて呼ばれた記憶がほとんどない。ロンドンのデパートで、一度か二度あるくらいだ。しかし、ニューヨークではほぼ毎日のように"sir"をつけて呼びかけられる。地下鉄の車内でぼくがなにか落とし物をしたとき、通りで誰かがぼくに道順を聞こうと話しかけてくるとき、文末に必ず"sir"がついているのである。ある店に入ったときなど、店員がわざわざ"sir"をつけて「ご気分はよろしいですか」と、心配そうに尋ねてくれた。「不機嫌そうに見えるのは、いつものことなんです」と答えておいた。

　イギリス人コメディアンがカザフスタンのジャーナリストになりすまして、アメリカを旅して回る『ボラット』という映画があるが、そのテレビ版で主人公のボラットがマナー教室でレッスンを受ける場面がある。ボラットが「ありがとう」と言うと、講師は「どういたしまして」（You're welcome.）と返事をする。すると、ボラットはその「どういたしまして」に対して「ありがとう」と言い、これにまた講師が「どういたしまして」と応じる——こうして延々と続く感謝の示し合いが始まってしまうのだ。

　ニューヨークにやって来たばかりの頃、ぼくもボラットと同じような状況に陥った。どうやらアメリカでは、「ありがとう」と言われれば、必ず返礼をしなければいけないらしい。これには、ぼくは相当困惑した。ある人に親切にしてあげたら、その人がお礼を言うのは当たり前だというのが、ぼくの考えだ。そうしないと、バランスが取れないだろう。特別な事情でもないかぎり、「ありがとう」に対して、お礼の言葉を述べたりすると、そのぶん相手への「貸し」が多くなってしまうではないか。

　また、ときにアメリカ英語の奇妙な用法には面食らうことがあるが、「ありがとう」に返礼するときの変わった言い方もそのひとつだ。たとえば、「ありがとう」に対して、

「たしかに」(Sure.) と応じる人がいる。これは、ぼくにはまったく理解できない。いろいろと考えをめぐらせた結果、「ぼくの親切は、たしかに自分から進んでやったことですよ」とかいった文を省略したものだろうと判断したが、それではなぜ「明らかです」(「面倒でなかったのは明らかです」)とか、「疑いの余地なく」(「疑いの余地なく、たいしたことではありません」)ではないのだろう?

「ありがとう」へのもうひとつの返礼の仕方は、「うんうん」(Uh-huh.)と口にすることだ。言わば、不明瞭ながら、ともかく音声を口から発して、相手に「聞いていますよ」と伝えるわけである。最初は、この応じ方にもしっくりこないものを感じたが、そのうち、けっこう好きになった。感謝への返礼として気軽だし、これなら延々と続く「ありがとう」の言い合いにまで発展しそうにない。しかし、この応じ方を腹立たしく思うアメリカ人も多いようだ。彼らにとって、きちんと「どういたしまして」と言わないのは、だらしなく映るのである。だが、それにしても、ニューヨーカーが正しい礼儀作法について議論するのを聞くなんて、ぼくはこの街に来るまで夢にも思わなかった。

いまではぼくも、「ありがとう」の返礼に関してはすっかり意見が変わってしまった。他のニューヨーカーと同様、ぼくも「ありがとう」と言われれば、必ず返礼をしてしまうのである。ただ、自分の独自性を維持するために、「いいですよ」(It's alright.) という、よりイギリスふうの言い方をするようにしているが。

また、面白いことに、アメリカ人は礼節をもって接する範囲を、自分となんらかのつながりがある人だけでなく、たまたま周囲にいる人たちにまで広げる傾向がある。先日、電車の中でくしゃみをしたとき、隣にいた見知らぬ男性から「お大事に」と声をかけられたのにはほんとうに驚いた。

電車や店の中でお互いの距離が近くなりすぎ、他人が自分のいわゆる「個人空間」に入ってくると、アメリカ人はたいてい微笑んだり、ちょっとした挨拶を交わしたりして、気まずさを和らげる。逆に、このように近づいた後、どちらか一方が「個人空間」から出て行くことになったときには、会釈したり、ひと言「どうも」と口にしたりするのがふつうだ。ぼくは、アメリカ人のこうしたマナーをとても好ましく感じるし、イギリス人とは非常に対照的だと思う。イギリスでは、気まずい思いをするくらいの距離に他人といっしょに押し込められた場合、目の前に他人がいることに気づかないふりをするのが習慣である。

ただ、正直に言って、アメリカ人の礼儀正しさが少々、度を越しているように感じられることもないわけではない。できれば表面的な関係のままでいたい人たちと無理に親しくするよう強いられている思いがするときもある。買物をしに店へ入ったときなどが、まさにそうで、とくにスーパーマーケットのトレーダー・ジョーズや、ギャップ、スターバックスの店員のあまりの礼儀正しさにはしばしば違和感を覚える（違和感の強さも、だいたいこの順番だ）。こうした店の店員は誰もチップをもらっていないし、とりたてて給料がいいわけでもない。なのに、ひとり残らず異様に快活なのは、どうしてだろう？　なにか違法な薬物の投与を受けているのではないかと思うことさえあるくらいだ。

店員は、少しもおざなりなところのない口調で、ぼくに今日はどんな一日だったか、聞いてくる。そのたびに、ぼくは「飼ってた猫が死んだんだ」とか、「クレジットカードの請求書が払えなくてね」などと返答してみたい誘惑に駆られるのだが、まさか彼らはそんなことまで知りたいとは思っていまい。ぼくとただ、ほんの少し親しくふれ合いたいだけだろう。だが、どうも確信が持てないのだ。店員と会話をするとき、イギリス人のぼくは、つねに話題をもっとも当たり障りのないものへと持っていくよう努めている（つまり、天気の話だ）。しかし、相手が次の週末の予定を尋ねてくるようなときには、ぼくのそうした努力はきわめて難しいものになるのである。

アメリカに滞在している間は、ぼくだって、まったくの他人とこのような社交辞令のやり取りをすることぐらいはできる。「郷に入っては郷に従え」というわけだ。だが、トレーダー・ジョーズのワイン売り場には、ひとりイギリス人の店員がいるのである。どういうわけか、ぼくがそこへ買物に行くたび、彼がレジ打ちをすることになってしまう。彼はぼくとほぼ同い年で、彼の英語のアクセントから判断すると、ぼくとだいたい同じ地方の出身だと思う。この状況は、お互いにとって実に気まずい。彼は、お客さんとちょっとした会話をすることは自分の仕事だとわきまえており、ぼくも客として店員の言葉にふつうに応じようと思っている。しかし、やはりイギリス人ふたりだと、うまくいかないのだ。自分の国ではお互い決してこんなことをしないとわかっているせいで、会話がとても無理強いされたものに思えてくる。その結果、いつもお互い目を合わせないようにして、なるべくそそくさと会計を済ませることになってしまうのである。

ここで、きちんとした統計の裏づけもなしに、大それた一般化をすることを許していただきたい。ぼくは、人はふたつのカテゴリーに分類できると思っている。飛行機に乗ったとき、隣の席の人に話しかける人と、そうでない人である。イギリス人や、ヨーロッパ大陸諸国の人びと、日本人は圧倒的に後者で、アメリカ人の多くは前者に属するだろう。ぼくはこれまで何度も何度も、総じて静かな機内なのに、ふたりのアメリカ人が座っているところだけ、興奮した話し声が飛び交っているという状態に出くわしたことがある。ぼくはずっと、アメリカ人は海外で同胞に会うとつい、うれしさのあまり、はしゃぎすぎてしまうのだろうと思っていたが、最近、考えが変わった。彼らは一週間の滞英中、ロンドンの地下鉄に乗るたびに他の乗客に無視され続けたため、帰りの飛行機で自分に話しかけてきてくれる人（この際、国籍は関係ない）と出会えて、ほっとしただけなのだ。

しかし、このように概してニューヨーカーのマナーがよいことに、少々がっかりしたのも事実である。日本で生活していた頃、評判どおり辛抱強く、マナーのよい日本人の間にいて、ぼくは自分が駄々っ子のような振舞いをしているように思えてならなかった。そこで、ぼくはニューヨークへ行って、ぞんぶんに自分の癇癪玉《かんしゃくだま》を破裂させるのを楽しみにしていたのである。ニューヨークへ行けば、電車にほんの少しのタイミングで乗り損ねたときに、汚い言葉で悪態をついても誰も顔色ひとつ変えないだろう。大きな損傷を与えないかぎり、壁や自分の周りに転がっている物を蹴りつけても、人は「彼は今日、面白くないことがあったんだな」と思うだけで、ぼくのことを危ない人だとは考えないだろう。ニューヨークなら、きっと問題なく地元の人に溶け込めるはずだ、とぼくは思っていたのである。

ところが、現実には、ぼくはこのうえなく礼儀正しく振舞っているつもりなのに、周囲のニューヨーカーに不愉快な思いをさせてしまうことさえ生じている。たとえば、ジムでトレーニング・マシンの横に立っている男性に、マシンをまだ使うつもりかどうか、尋ねてみたときのことだ。ぼくとしては丁寧な言葉遣いをしたつもりだったが、大失敗をしてしまった。ぼくの尋ね方だと、ニューヨーカーには、まるでぼくが「まだ終わらないのか」とせっついているように聞こえるらしい。こうした場合、正しくは「あと何セット、おやりになりますか」と尋ねるべきなのだそうだ。そして、答えが二セット以上ならば、「いっしょに使わせてもらってもいいですか」と申し出るのである。つまり、これは「交替で使わせてください」と遠回しに頼むときの言い方で、ぼくが初めて聞いたときに勘違いしたように、「いっしょにトレーニングする友だちになってください」という誘いの言葉ではない。

このような言葉遣いの作法は、いくつもの知恵の積み重ねから出来上がったもので、とても合理的だ。イギリスでは、こうした場合の対処法はまるでちがう。まず、ぼくはそのマシンを使いたいなどとはまったく思ってもいないという素振りをすることだろう。マシンの方向には目をやらず、ほかのことに忙しそうなふりをするのである。当然、それでは問題が解決するはずがないから、そのうち、ぼくはマシンを使い続けている男性のことを、声には出さずに心の中で罵《ののし》り始める。そして、彼がこちらを見ていないときに、イヤな目つきで彼を一瞥《いちべつ》してやるのである。

ニューヨーカーが実際には礼儀正しい人たちであることはわかったが、では、そもそもなぜマナーが悪いという評判が生まれたのだろうか。たしかに、ニューヨーカーの振舞いを見ていると、品位に欠けると思われてもしかたのないところもなくはない。まず、彼らは自動車のクラクションを鳴らしすぎる。マンハッタンのどこを歩いていても、必ず耳に入ってくるのは、絶え間のないクラクションの音だ。ニューヨークに着いた当初、これではまるで発展途上国の都市だと思ったが、あながち的外れでもないだろう。ニューヨークのタクシー運転手の多くは実際、発展途上国から来ている人たちだからだ。

また、自動車の窓から身を乗り出して怒鳴りつけてくる人も多い。ニューヨーカーはクルマに乗ると、おそろしく人格が変わってしまうのだろうか。あるいは、この街では、クルマを運転する人たちの集団と、通りや店、地下鉄で出会う人たちの集団との間に、マナーに関して大きなギャップがあるのだろうか。

そのほか、ニューヨーク以外ではちょっと見かけないような不愉快な行為をする人もいる。先日、ぼくは地下鉄の車内で爪を切っている人を見かけた。地下鉄に乗りながら、iPodで聞いている音楽に合わせて自分も歌いだす人も珍しくない。とくにその歌が、近所で銃を乱射するとかいう歌詞のラップだったりしたときには、そばにいて実に居心地が悪い。

それに“f**k”など罵り言葉の問題もある。ぼくのように、ニューヨークへ来て、現地の人たちが使っている罵り言葉にギョッとした人も少なくないのではないだろうか。ぼくは、強調のために罵り言葉を使うこと自体に関して、いちいち目くじらを立てるような人間ではない。だいたい、自分も使う罵り言葉にはすっかり慣れっこになっていて、文字どおりの意味など忘れてしまっているものだ。問題は、まさにここにある。ニューヨークではイギリスとはちがう罵り言葉が使われているため、初めて聞いたとき、どうしても文字どおりの意味が頭に浮かんできてしまうのである。

しかし、ニューヨーカーはマナーが悪いという評判が生じた最大の原因は、(にわかには信じがたいことだが)アメリカの他の地域の人びとがさらにいっそう親切で、礼儀正しいからだと思う。どんなときでも愛想よく人に接する、桁違いに親切な人びとがアメリカにはいるのである。とくに中西部の住民の人柄のよさは有名で、なかでもミネソタ州の人たちが親切なことは、「ミネソタ・ナイス」(Minnesota nice)という言葉で知られている。彼らは、いつも笑みを絶やさず、見知らぬ人にも親切で、困っている人がいたら進んで手を差し伸べようとするらしい。

したがって、先にぼくはニューヨーカーは世界でも際立って礼儀正しい人たちだと書いたが、アメリカ国内では彼らはもっとも無礼な人たちの部類に属するかもしれないのである。

いつものように不機嫌そうに、電車の到着を待ちわびているぼく

2

ニューヨークにまつわる歌

「歩くジュークボックス」から流れる三曲

ニューヨークには初めてやって来たにもかかわらず、奇妙なことに、街並みに見覚えがあるような思いがすると言う人は多い。映画やテレビで何度もニューヨークの街を目にしているからだろう。映画のセットの中を歩いているようだと言う人もいる。

ぼくは違う。ぼくはニューヨークでは、まるで自分がジュークボックスになってしまったような思いがするのだ。

街を歩くといつも、目に入ってきた景色がきっかけになって、頭の中で歌が鳴りだす。この歌はしばらく鳴り続いて、別の景色を見て他の歌を思い浮かべるか、何度もくり返し奏でられるうちに自然とフェード・アウトしてゆくかするまで、ぼくの頭から離れないのだ。

東京でも同じようなことがあった。隅田川沿いをジョギングしていると、ぼくはつい映画『サウンド・オブ・ミュージック』の中のある歌を高らかに歌い上げてしまうのである。しばらく、なぜだかわからなかったのだが、どうやら無意識のうちに清洲橋そばのチョコレート工場のことが心に引っかかっていたらしい。その工場は、社名「エーデルワイス」の看板を高々と掲げていた。


ニューヨークで、何度もぼくの頭の中で鳴る歌は三曲ある。ぼくはかなりの時間を割いて、その三曲について考察をし、それぞれの歌のよいところを比較・検討してみた。

簡単に想像がつくように、そのうちの一曲はスティングの『イングリッシュマン・イン・ニューヨーク』だ。この曲は情感に富んでいて、とても耳に残りやすい。ジャズっぽい雰囲気がかっこよく、間奏のインストゥルメンタルの部分は、ガーシュインの名曲『巴里のアメリカ人』が当時のパリの街の音をうまく伝えているのと同様に、ニューヨークの音のイメージを見事にとらえている。

五番街へ来ると、決まってこの歌がぼくの頭の中で鳴りだす。五番街の情景が歌われているからだ。

あえて言うまでもなく、ぼく自身、「イングリッシュマン・イン・ニューヨーク」である。そのため、まるで自分のことが歌われているように感じるところもある。歌詞にあるとおり、ぼくもコーヒーより紅茶の方が好きだ。ところが、そこから歌詞はおかしな方向へと脱線する。以前、この歌を聞いたアメリカ人から、「イギリスではパンは片面だけしかトーストしないのか」と尋ねられたが、「ぼくには聞いたことがない習慣だ」と答えざるをえなかった。

また、この歌にはイギリス人の虚栄心をくすぐるところもある。この歌によれば、「イングリッシュマン・イン・ニューヨーク」は、親切や節度をほとんど見かけない社会で、無知に耐えなければならないらしい。まるで、われわれイギリス人は洗練された国民で、アメリカでは教養やマナーの点で劣った人びとに囲まれて暮らさざるをえないと言わんばかりだ。

しかし、ニューヨークに少しでも住んだことのある人なら、こうした考えがまったくのたわ言でしかないことがすぐにわかるだろう。ニューヨーカーは、驚くほど文化程度の高い人たちだ。教養あるニューヨーカーは、ロンドン市民の圧倒的多数と比べて、はるかに頻繁にオペラや演劇を鑑賞し、はるかに多くの堅い本を読んでいる。

つまり、『イングリッシュマン・イン・ニューヨーク』で重要なのはここである。この歌は、ニューヨークに住む不特定多数のイギリス人を歌ったものではないのだ。この歌に歌われているのは、ある特定の名前を持ったイギリス人、そこそこ有名で、きわめて風変わりなイギリス人男性なのである（つねにステッキを持っていると描写されているところからしても、標準的なイギリス人ではないのは明らかだろう）。

この歌の主人公は、クェンティン・クリスプという華麗なイギリス人ゲイ作家である。クリスプは、カミング・アウトするのが珍しいことではなくなるずっと以前から、自分がゲイであることを公けにしていた。そのため、彼はイギリスで一九四〇年代から五〇年代にかけて、激しい偏見や差別にさらされたのである（つまり、彼はイギリスで無知に耐えていたのだ）。クリスプは時代の一歩先を行っており、イギリスやアメリカの社会が彼に追いつくには何十年もかかった。彼の名前が知られるようになったのは一九六〇年代後半、著書『裸の公僕』が刊行されたのがきっかけである。このように彼が自分のセクシュアリティに関してオープンに振舞ったことが、同性愛者に対する社会的認知を高めるのに貢献したのは間違いあるまい。

クリスプは一九八一年、七二歳でニューヨークに移り住み、九九年に亡くなるまでこの街で過ごした。その長い人生を通して、彼の素晴らしい臨機応変の機知が衰えを見せたことはない。クリスプはスティングに、アメリカの市民権を得るのが待ち遠しいと言ったそうだが、その理由がふるっている。「そうなれば、罪を犯しても国外退去にならないからね」。また、ぼくが感心したのは、異性愛者が同性愛への反感を口にするときの論理の奇妙なねじれを指摘した彼の知性の鋭さだ。クリスプによれば、異性愛者はたいていこう言うそうだ。「オレはゲイにはなりたくないね。だって、そうしたら男と寝たくなるわけだろ。そんなの、まっぴら御免だよ」。

五番街から二ブロック歩くとパーク・アヴェニューだ。ここへ来ると必ず、ぼくの頭の中では、REMの『ホワッツ・ザ・フリークエンシー、ケネス?』（ケネス、周波数はいくつだ?）という歌が鳴りだす。

実を言うと、この歌のどこにもニューヨークのことは出てこない（そもそも、この歌は歌詞がかなり聞き取りづらい。自分で歌うときには、適当にハミングでごまかしつつ、サビのところだけ歌詞を口にするというタイプの曲だ）。

ただ、この曲名が、マンハッタンで起きた非常に奇妙な出来事に由来しているのである。一九八六年、テレビの有名なニュース・キャスターのダン・ラザーがパーク・アヴェニューで暴漢に襲われた。ラザーによると、その男は何度も彼に「ケネス、周波数はいくつだ？」と尋ねてきたという。

もちろん、八〇年代のニューヨークで暴漢に襲われることはなんら珍しいことではない。しかし、この事件は、その細部に特色があるおかげで珍しく、忘れがたいものになっている。まず、上品なパーク・アヴェニューで有名人に起こった事件であること。それから、暴漢が奇妙な意味不明の言葉をわめき散らしたこと。そしてさらに、どういうわけか人びとはラザーの語ることを信用しようとしなかったこと——人びとのマスメディアに対する不信の高まりの反映だろう。ＲＥＭのリード・ボーカルのマイケル・スタイプは、この事件のことを「二〇世紀のアメリカにおいて、もっともシュールな未解決の謎」と呼んだ（一九九七年、この事件は「解決」した。いまは別の事件で終身刑に服している精神障害を抱えた男が犯人であることを、あるレポーターが突きとめたのである。ラザー自身も、この説に納得している）。

音楽の話に戻ろう。クリスマス前の酷寒の日々、ぼくの心を温めてくれた歌がある。アイリッシュ・バンド、ポーグスの『ニューヨークの夢』だ。このデュエット曲が惨憺《さんたん》たるものであったとしても、少しも不思議はない。男性ボーカルはまともに歌を歌えないし（おまけに、見た目もパッとしない）、一九八七年の発売以来、毎年クリスマスの時期になると世界各地で流れているのだから、いい加減、飽きてしまってもいい頃だ。さらに、歌詞の一部は、酔っ払ったカップルの罵り合いときている。このふたりは仲違いをし、酔っ払った男は留置所に放り込まれたという設定なのである（二〇〇七年、BBCは歌詞の中に度を越して人を傷つける言葉が含まれていると判断し、その部分を削除したバージョンを放送した）。

にもかかわらず、この歌は、かつてないほど素晴らしく感動的で、心に救いを与えてくれるものになっている。簡潔な言い回しで的確にニューヨークのイメージを浮かび上がらせているところがいい。身体を突き抜けるような風が吹き、年寄りには住みにくい街。そして、バーのカウンターみたいに長い車――ストレッチ・リムジンの平均的な車長は二三フィート（約七メートル）もあるそうだ。あまりにも長いために、車を停めるスペースを見つけられず、顧客を待っている間、ずっと同じブロックをぐるぐる回っているリムジンを、ぼくは見たことがある。

この歌の核となっているのは、自分たちの失敗を相手のせいにし合っているカップルの激しい口論である。この罵り合いは、クリスマスの華やいだ雰囲気を背景にしているために、いっそう痛ましい。家庭の不和は、本来ならいっしょに楽しく過ごすべきときにこそ起こりがちであることを見事にとらえていると言えよう。ふたりの口論の傍らでは、温かいコーラスの音が鳴っている（歌の中では、ニューヨーク市警の少年合唱団が『ゴールウェイ・ベイ』を歌っていることになっているが、調べてみるとニューヨーク市警には合唱団など存在しないようである）。

悲しいことに、この歌の女性ボーカル、カースティー・マコールは二〇〇〇年のクリスマスの直前に亡くなった。メキシコでの休暇中、泳いでいてボートと衝突したのである。

このように書いてくると、きっと気の滅入るような歌だとお考えになることだろう。しかし、歌の最後、カップルが昔の希望や夢を思い出し、仲直りをするところで、わずかに希望が見えてくる。これほど感動的な瞬間は、ちょっとほかの歌には見当たらない。まるで分厚い雲の隙間から日の光が差してくるような思いが、ぼくにはするのである。

ななめから見たアメリカの歴史❶

ボストンのお茶会

一七七三年のボストン茶会事件。どこか優雅な響きのある名前の事件だ。子どもの頃、この事件のことを本で読んで、ずいぶん不思議な思いをしたのを覚えている。「茶会」という上品な言葉と、港へ紅茶を投げ捨てるという品のない蛮行におよんでいる男たちの挿し絵が、頭の中でどうもうまく結びつかなかったのだ。「新品の紅茶を海に捨てている！」。ぼくの家では、ティーバッグは、一度使っただけでは捨てない決まりになっていた。

その後、これがひとつのきっかけとなって、イギリスとアメリカの間に戦争が始まったのだと教えてもらい、ようやく納得がいった。子ども心にも「戦争になるのも、しかたがない」と思えたものだ。ただ、それでもまだ納得がいかなかったのは、「イギリスはどうして、こんな野蛮な振舞いをする人たちが住む国から、さっさと引き揚げなかったのだろう」ということだった。

簡単に事件を説明しておこう。アメリカ人が紅茶を海に投げ込んだのは、イギリス政府の課税に対する抗議の表明であった。自分たちはロンドンの議会に代表を送ることができないのだから、代表の同意もなしに、イギリスがアメリカに課税する権利などないと主張したのである（このときのスローガン「代表なくして課税なし」は有名だ）。まったく筋のとおった言い分である。ただ、アメリカの側にも、少々後ろ暗いところがなくはない。当時、紅茶の取引で巨利を得ていたアメリカ人業者は、その地位をイギリスの同業者に脅かされつつあった。紅茶の投げ捨ては、一部には、こうしたアメリカ人業者によって焚《た》きつけられたところもあったのである。富裕層が、自分の既得権益を守るべく、愛国心に訴えかけて大衆を味方につけようとするのは、なにもいまに始まったことではない。ともあれ、抗議の示威行動として、彼らはボストン港に停泊中のイギリス船に乗り込み、紅茶という貴重な品物を粗末に扱ったのだった（このとき、どういうわけか、紅茶の投げ捨てに参加した人びとは、ネイティヴ・アメリカンの部族の格好に変装していたらしい）。

ぼくは、このときにアメリカは大きく道を誤ったのだと思う。これほどインパクトのある象徴的抗議行動の後、アメリカ国民が紅茶をやめ、コーヒーを飲むように

☆☆☆☆☆☆☆☆☆☆☆☆☆☆☆☆☆☆☆☆☆☆☆☆☆☆☆☆☆☆

なったのも無理はあるまい。だが、オーストラリア、アイルランド、インド、ケニアなど、かつて大英帝国の一部であった他の国々を見てほしい。アメリカのように、イギリスの支配をはねのけようとして、紅茶まで捨ててしまうという愚行におよんだ国など、ひとつもないのである。

歴史書によると、一八世紀前半、アメリカ人の間では紅茶がひろく飲まれていたそうである（面白いことに、当時、イギリスでは逆にコーヒーが流行していた）。やはり、ボストン茶会事件が、国民の嗜好の大きな転換期となったのだろう。この後、コーヒーは長い年月をかけて、アメリカ人の国民的飲み物の地位にまで登り詰め、一方、紅茶には気取ったイギリス人が好むものというイメージがまとわりつくようになったのである。

ぼくにとって、紅茶を飲むことは文化的洗練の証しだが、アメリカ人には気障《きざ》に映るらしい。実際に飲んでみれば、きっとアメリカ人も紅茶を気に入ると思うのだが、残念ながら、アメリカでは紅茶を口にする人はほとんどいない。紅茶を飲むと聞いて、たいていのアメリカ人男性が示す反応ときたら、まるで、男だってイヤリングをしてもいいのだと言われたときに、ぼくの父親が見せた反応にそっくりだ。

現在、世界中の食品が容易に手に入るというのに、ニューヨークのような大都市においてさえ、まともな紅茶が飲める店を見つけるのは難しい。このように、ニューヨーカーの周囲には、つねにコーヒーしかないというのは、実に不幸なことではないだろうか。仕事に追われ、ストレスで不眠症気味の彼らに必要なのは、気持ちを穏やかにしてくれる紅茶のはずである。なのに、彼らは、神経を昂ぶらせるコーヒーを、何杯もひっきりなしに飲むほかないのだから。

ニューヨークの壁

ニューヨークは高層ビルで有名だ。しかし建築物の魅力は、高さよりその細部にある。マンションのゲート上に施された美しい装飾、壁に忽然と現れる不思議な顔、廃墟となった工場の壁面を飾る二メートルの鉛筆。

3 アルコール事情

「ビール王」を名乗るには早すぎる

どこか、まったくなじみのない土地で、まるで自分のためにあるような祝典に出くわす。なんと素晴らしいことだろう！　アメリカの一二月五日は、まさにそんな日だ。一二月五日が来たからといって、べつに派手な騒ぎがあるわけではない。家がけばけばしい灯りで飾り立てられるようなこともなければ、急にカボチャや、奇妙な扮装をした子どもたちが目につくようになるといったこともない。しかし、この日、アメリカ全土で少数の選ばれた通人は角の小さなバーに集まり、アメリカ現代史においてもっとも重要な日のひとつを祝うのである。すなわち、禁酒法廃止の日だ。

「禁酒法」という言葉ほど、ぼくが醜悪に感じる言葉はちょっとほかにない。自らを自由の国だと主張するアメリカにとって大きな汚点だろう。一九二〇年から一三年もの間、アメリカ人はビールを一杯やるというささやかな自由を否定されたのだから。もちろん、人間の自然な振舞いを禁止する法律が制定されると、抜け道が作られるのが世の常だ。禁酒法のために、多くのアメリカ国民は、粗悪なビールを持ち込んで高く売りつけるギャングたちと手を握らざるをえなくなったのである。暗黒街の顔役たちの多くが巨額の富を築いたのも禁酒法のおかげだと言ってよい。しかも、驚くことに、禁酒法は法律ではなく憲法の修正条項だったという。アメリカ合衆国憲法という素晴らしい法典に、こんな馬鹿げた条文を追加する愚劣さなど想像もできない。まるで、言論の自由や政教分離の規定の横に、「食料品の買出しは水曜日に行なうべし」というような条項を書き加えるようなものではないか。

今日でも、アメリカには酒類の販売が禁じられている地域がある。ただ、こうした「禁酒地域」でも、住民は個人で飲むためにアルコールを持ち込むことは許されている（こうした地域で育った友人によれば、酒類を違法に販売している店では決して購入者の年齢のチェックをしたりしないため、未成年が酒を買うのはむしろ他の地域よりも容易だったそうだ）。

禁酒法のせいで、アメリカのビールは一九三三年以来ずっと他国の後を追いかける羽目になった。アメリカ人の才能とビジネス感覚の鋭さは認めるが、彼らが作るビールは、ビール大国のドイツやベルギー、イギリスから大きく遅れをとっている。アメリカが、真面目に語るに足るビールを作ることにかけて長足の進歩を遂げたのは、ほんのここ一〇年ばかりのことにすぎない。実際、このビール革新に関与した会社のひとつ、ブルックリン・ブルワリーは、禁酒法がもたらした損失を取り戻すことが目標だと公言している。一〇〇年前、ブルックリンには四八もの醸造所があったそうだ。「醸造所通り」と呼ばれた地区もあったと聞く。一九八七年になってようやく、この失われた歴史の回復に手が着けられた。あるジャーナリストが転職して、ここにビールの醸造所を開いたのである。彼は、アルコールが禁じられている中東での六年の任期を終えて、アメリカに帰国したばかりであった。

アメリカのビール会社の中には、その巨大な国内市場をうまく利用して、海外への宣伝・マーケティングに成功している会社もある。ひろく世界でアメリカに対して払われている敬意のおかげで、多くの人はつい、こう思い込んでしまいがちなのだ。「アメリカ人の撮る映画は面白いし、その食品は世界中の人びとに口にされ、自動車も悪くない。

だから、アメリカのビールも優れているのではないか」と。

　読者のみなさんはもうおわかりだと思うが、ここでぼくが言いたいのはバドワイザーのことである。原則として、まともなイギリス人でバドワイザーを飲む者などいない。そもそもイギリスのビールの方がはるかに質が高いためだが、そのほかにもこのビールにはおかしな点がふたつある。ひとつは「ビールの王」などと自称して、誇大広告をしていること。もうひとつは、その商品名に少々後ろ暗いところがあることだ。バドワイザーとは、もともとチェコ共和国の一地方のドイツ語での呼び名である。この地方では一三世紀以来（つまり、われわれヨーロッパ人がときどき用いる表現で言えば、「アメリカ合衆国誕生以前」から）、ビールを醸造してきた。この地で産出されるビールはかなり上質で、ブトヴァルと呼ばれている。このブトヴァルがバドワイザー社と、どちらが「バドワイザー／ブトヴァイザー」(Budweiser）と名乗る権利があるのかをめぐって、長く込み入った論争をくり広げてきたのである。

　ここでは細かな点には立ち入らず、論争の要点だけを記しておくと、商標として登録したのはアメリカの醸造所が先だが、ヨーロッパ人はこの名称を特定の地方に帰属するものと考えている。ちょうど、真のシャンパンはフランスの一地方に由来するものであり、真のポートワインはポルトガルのある地域で産出されるものであるのと同様だと考えるのだ。

いずれにせよ、ぼくはチェコ人の側に立ちたい。それはたんに人は自然と弱い者の肩を持ちたくなるからというだけでなく、またブトヴァルの方が格段に美味であるからというだけでもない。どうやら、このような商標についての論争があるために、アメリカのバドワイザー社はその巨大な資金力にモノを言わせ、二〇〇六年のワールドカップ・ドイツ大会の公式ビールの座を獲得したらしいからだ。考えてもみてほしい。何十万ものサッカー・ファンがドイツ、世界一上質の夏向きのビールが飲める国へとやって来た。しかし、スタジアムや公式中継会場で販売されているビールは、味がないくせに炭酸だけは強いアメリカ産のビールなのである！　だいたい、アメリカときたら、ビールを作ることはおろか飲むことにおいてすら、連綿とした伝統のない国ではないか。

いや、少し言いすぎたかもしれない。アメリカに到着してまもない頃、ぼくはしかたなく（ひとえに取材目的であったと強調しておきたい）バドワイザーを一杯飲んだことがある。そのときのメモによると、ぼくは「思っていたほど悪くない」と感じたようだし、「他の大量生産されたビールよりはいい」と、かなり肯定的な評価もしている。しかし、この程度では「ビールの王」を名乗るまでにはいかないだろう。

だいいち、アメリカにはバドワイザーよりもいいビールがたくさんあるのである。ブルックリン・ブルワリーの八種類以上あるビールは、どれも試しに飲んでみる価値がある(ただ、どういうわけか、この会社の主力商品であるブルックリン・ラガーには、ぼくは他の銘柄ほど魅力を感じないのだが)。カリフォルニアの醸造元ラグニタスは、アンセンサードという素晴らしい赤銅色のエールを作っているし、ここのIPA(インディア・ペール・エール)も魅力的だ。強いホップの味とバランスを取るために、ほんの少しグレープフルーツを加えているのである。シカゴでは、グース・アイランドという醸造会社が、イギリスのビターをうまくアレンジしたビールを製造している。また、かつてイギリスに叛旗を翻した革命家の名にちなんだサミュエル・アダムズというボストンのビールは、たぶん海外でもっとも入手しやすい「良質な」アメリカ・ビールだろう。この醸造元では、微妙にさまざまなスパイスの味を効かせた無濾過のホワイト・エールも出しており、冬に飲むと美味い(本来、ホワイト・エールは夏向きなのだが)。さらに、アメリカの小さな醸造元の多くは、ハロウィンの数か月前からパンプキン・エールというビールを出荷する。これは、ぼくが予想もしなかったビールだし、独創性があると思う――ただし、一年に何回も飲みたいとまでは思わないが。

しかし、残念なことに、このようにビール作りに工夫を凝らしても、あまり見返りがないのである。というのも、たいていのアメリカ人がビールに求めているのは、冷たいことと、喉ごしがいいことだけだからだ。ビールを評価するうえで鍵となる味や個性といった要素は見向きもされない。だいたい、先に挙げたような魅力的なビールの多くは輸出されていないから、アメリカの外に住む者には、アメリカ・ビールの実情を正しく把握することもできないのだ。

だが、こんな愉快なこともあった。ある晩、お気に入りのバーで飲んでいたときのことだ。ぼくは、そこで『エール・ストリート・ニュース』という無料の新聞を見つけた。トピックをビールに限定した専門紙である。紙面には、ロウグ・ビールというオレゴンのビール会社のジャック・ジョイスという人の主張が掲載されていた。この会社は、真剣に海外市場の開拓に取り組んでいる数少ない醸造元のひとつである。ジョイス氏（ぼくと少しも血のつながりはない）によると、彼の会社が輸出に力を入れているのは利潤追求のためではないという。輸出にかかる費用や労力を考えると、そこから上がる収益は高くないらしい。それにもかかわらず、輸出に努めているのは、海外でも売れているということによって、国内での評判を高めることができるからだそうだ。つまり、アメリカのビール通が評価するのは、海外のビールとも張り合えるビールなのである。この記事を目にして、ぼくはアメリカへの信頼を新たにした。たんにビールに特化した新聞が存在しているだけではない。アメリカのビール通は、おそらく無意識のうちに、ビールには国際基準が存在すること、したがって、アメリカ国内での基準をそれに合うよう、引き上げねばならないことを理解しているのである。

イギリス人が大酒飲みの国民であることは言うまでもない。イギリス人に比べれば、アメリカ人はたいてい酒に対して、はるかに健康的な接し方をしている。アメリカには、一日に飲んでよいのは一杯ないし二杯までというガイドラインがある。イギリス人同士で飲みに行ったときなどは、ビールのお代わりを注文しながら、このガイドラインをおたがい冗談半分に言い聞かせ合うことがよくある。しかし、アメリカ人は違う。ぼくの会ったアメリカ人の中には、「一杯飲みに行こう」と言ったら、文字どおり一杯しか飲まない人がいるのだ。ほんとにすごい人だと思う。敬服さえする。ただ、ぼくにはそんな飲み方はできない。

イギリスではつき合いの範疇に入る飲み方でも、アメリカでは依存症のレッテルを貼られることがある（どちらの見方が正しいかは、ここでは議論しない）。イギリスの標準的な飲み会は、多くのアメリカ人の目には、すっかり羽目を外した大騒ぎと映ることだろう。これに関して、面白いエピソードがある。アルコール依存症を克服したある有名なアメリカ人（ジョージ・ブッシュ前大統領）が、アルコール依存症を克服したある有名なイギリス人（ブレア内閣で、報道担当官を務めていたアラスター・キャンベル）と会談をした。このときのことを、キャンベルはのちに日記にこう記している。「自分の飲んでいた量と比べれば、大統領の酒量などかわいいものだった」。キャンベルによれば、四〇歳にして断酒をしたブッシュ前大統領は、「それまで一日にビールを二、三杯のほか、ワインとバーボンを少し飲んでいた」と認めたそうだ。

それでもやはり、ニューヨークは酒飲みには素晴らしい街だ。ときには、素晴らしすぎることさえある。ウェールズの偉大な詩人ディラン・トマスは、大酒がもとで一九五三年にこの街で亡くなった。真偽のほどは定かではないが、彼は次のように言って息をひき取ったという。「おれはウィスキーをストレートで一八杯飲んだ。これは記録だと思う」。彼がこれだけのウィスキーを飲んだ店と言われるホワイト・ホース・タバーンには、いまも彼の名にちなんだ部屋がある。

ブレンダン・ビアンの場合は、さらに哀れである。ビアンはオリジナリティのある作家だが、完全なアルコール中毒だった。なんとか五か月ばかりは酒を断つことができたものの、彼にはニューヨークの街の誘惑は強すぎたらしい。ビアンは酒のせいで、すっかり衰弱してしまい、亡くなる二年ほど前から書くこともできなくなった。晩年の二作品は、彼の口述をテープに録音し、出版社が書き起こしたものである。ビアンは一九六四年、四一歳の若さで亡くなった。

ビアンが行きつけにしていたのはマクソーリーズ・オールド・エール・ハウスというバーで、このバーはぼくのお気に入りのひとつでもある。ビアンの言葉を借りれば、「このバーが開店して、およそ一〇〇年になる。出自、身長、体格、信条を問わず、誰もが一度は訪れてみる価値がある店だろう」。ぼくがこのバーを好きになったのは、その一風変わった歴史によるところが大きい。それは、この店の一風変わった内装にも反映されている。マクソーリーズは、ニューヨーク最古のアイリッシュ・パブをもって任じているが、これは禁酒法の下でも店を畳まなかったためである（この店は、警察のきびしい監視の目をくぐって、裏でビールを出していたらしい）。いまも店内には、こうした歴史の香りが漂う。床にはおがくずが撒《ま》かれ、暖炉の上には「品よく飲めない方は退店願います」というぶっきらぼうなメッセージが掛かっている。そして、店の正面の貴重なスペースの大部分を占めている、古い銅でできたボイラー。また、壁に貼られたポスターの類ときたら、丸一日かけて眺めていても飽きない。リンカーン大統領暗殺犯の指名手配のポスターや、ビアンの劇の初演時のポスターなど興味深いものばかりだが、なかでもぼくのお気に入りは、一九七〇年の『デイリー・ニューズ』紙の一面記事の切り抜きだ。マクソーリーズが、裁判所からの命令で女性の入店を許可しなければならなくなったことを伝える記事である。それまで、このバーの謳い文句は「美味いビール。生オニオン。女性の入店お断り」だった。たいていの人にとって、この奇妙な謳い文句のうち魅力的に思えるのは、最初のひとつだけではないだろうか。いまも生オニオンはこの店のメニューにあるが、これについては多くは語るまい。ただし、マクソーリーズ・エールは、たしかに美味いビールである。

世界中で続々と開店している画一的なアイリッシュ・パブの不快さを経験した後に、マクソーリーズのような店に入ると、ほんとにほっとする。アイルランド系の出自を持つぼくがこんなことを言うのもどうかと思うが、ここ二〇年の間にオープンしたアイリ

マクソーリーズの店内。壁を眺めているだけで一日過ごせる。

ッシュ・パブにはおしなべて、どこかマクドナルドのような雰囲気がある。店名は陳腐だし、店内に並べられている骨董品はたいてい紛《まが》い物だ。そもそも、アイルランドふうにすれば店の雰囲気もよくなるだろうという発想からして馬鹿らしい。ニューヨークのミッドタウンは、このようなインチキ・パブであふれている。足を踏み入れるべきでないパブ一〇軒につき、マクソーリーズのような、歴史に育まれた由緒あるパブは一軒しかないというのが実情だ。

4

ユーモアのセンス

『ザ・シンプソンズ』と『オニオン』には脱帽

ぼくは生まれてこの方、これにかけてはアメリカ人よりもイギリス人の方が間違いなく、はるかに優れているという分野があると確信していた。ユーモアのセンスだ。かつて世界でイギリスが占めていた地位は、ずっと昔にアメリカに取って代わられたことは知っている。だが、ぼくに言わせれば、そんなことはどうでもいい。大笑いをした回数は、ぼくらの方が多いのだから。

アメリカの有名なコメディ番組の中には、たとえば『チアーズ』や『フレンズ』のように、視聴者に温かく親しみのある感覚を与えることで人気を得ているものが少なくない。登場人物も魅力的な人たちばかりだ。一方、イギリスのコメディの名作と言えば、

『ブラックアダー』は悪意と皮肉に満ちているし、『リーグ・オブ・ジェントルマン』は不快感すら引き起こす。あるいは、『宇宙船レッド・ドワーフ号』のように、ひたすら馬鹿馬鹿しいものもある。おまけに、出てくる人物も品がない。しかし、独創的で面白いことは否定しようがないだろう。端的に言って、アメリカのコメディより笑えるのだ。

このように英米のユーモアのちがいを議論するとき、大前提として次のような言い方をするのが、すっかりお決まりになっている。すなわち、われわれイギリス人が極度に皮肉のセンスを発達させてきたのに対し、おしなべて率直な生き方をしているアメリカ人は、さまざまな種類のユーモアの中でも皮肉については理解がない、というのである。

ぼくは、多くのイギリス人の考えとはちがって、アメリカ人は皮肉を言わないわけではないと思う。イギリス人と皮肉の言い方がちがうだけだ。イギリスでは、自分が冗談を言っていることを表情や声の調子に出すことなく、機知に富んだ言葉を口にするのが高く評価される。アメリカではまったく逆だ。きつい皮肉を言ってもかまわないのだが、そのときは目配せをしたり、笑みを浮かべたり、あるいは大げさな口調で言ったりなどして、それが皮肉であることを示さなければいけない。それに、皮肉を言っていい時と場合がある。アメリカ人は、ふだんの会話では皮肉はあまり用いないようだ。

さらに困ったことに、アメリカ人は「いま自分は冗談を言っています」ということを、まったく面白くない方法で相手に告げる。「いや、冗談」というような調子で、文末に“not”とひと言つけ足すのだ。こんな馬鹿げた、うんざりするような言い回しをイギリス人がかりに使うことがあるとしたら、こうした冗談を言ったアメリカ人相手に「そりゃ面白い。いや、冗談」と切り返すときくらいだろう。

このような文化のちがいのせいで、ぼくは何度も気まずい目に遭っている。自分としては抜群に面白い冗談を言ったつもりなのに、周りのアメリカ人が、ぼくのことをまるで気はたしかかと言わんばかりの目つきで、あきれて見ているというような経験をしたのも一度や二度ではない。以前、数週間ほどの間に、有名人が続けて何人も亡くなったときのことだ。ぼくは首を横に振りながら、「少しずつ、人が間引かれていくね」とコメントした。すると、ぼくの同僚は、ぎょっとした目でぼくを見ているではないか。ぼくが本気で「だんだんスペースに余裕ができつつある」と考えていると思ったらしい(ちなみに、ぼくのコメントは、イギリスの有名な劇作家アラン・ベネットの言葉の引用である)。

あるいは、こんなこともあった。ぼくは、ウィリアム・バロウズの『裸のランチ』について話をしていた。言わずと知れたバロウズの代表作、ヘロイン中毒患者が薬物で混乱した頭でくり広げる奔放な想像で有名な小説である。ぼくがとぼけて「なんのことだか、さっぱりわからなかったよ。書いた人はクスリかなにか、やってたのかね」と言うと、話し相手のアメリカ人はきわめて丁寧に、作者バロウズは実際に麻薬常用者であったと説明してくれた。

しかし、である。たいへん残念ではあるが、ぼくがこのように安心して優越意識に浸っていたのは間違いだったと認めざるをえない。依然として、ぼくはアメリカ人よりイギリス人のユーモアのセンスの方が優っているという考えを変えてはいない。だが、ぼくが想像していたより、アメリカ人はずっと頭の回転が速く、面白い人たちだった。

たとえば、ここ一五年つねに安定して面白いコメディ番組をひとつ選ぶとすれば、おそらくトップにくるのは『ザ・シンプソンズ』だろう。ドタバタが多く、アニメの絵も決して上手なものとは言えないせいで、つい『ザ・シンプソンズ』を低く見てしまいがちだ。しかし、見かけに騙されてはいけない。実は一話一話、信じられないくらい洗練されていて、何層もの意味の深みがあり、くり返し見るに足る作品なのである。

『ザ・シンプソンズ』のいちばんの功績は、アメリカ人も自分たちのことを笑うことができると証明したことだろう。一歩距離を置いて自分のことを笑う能力は、どの国の人びとにとっても大切な資質である。しかし、図抜けて強大な国に住む人びと、ぼくの目からすると少々尊大なところも目につく大国の国民はとくに、自分を笑えなければいけない。

この点に関して、ぼくが『ザ・シンプソンズ』で印象に残っているのは、母親のマージがビジネスとしてプレッツェルの販売を始める話だ（結局はうまくいかない）。夫のホーマーは、妻の行動に心を動かされる。「アメリカじゃ、スナック類はもう飽和状態だ。そこへ君はまたひとつ塩辛いお菓子を押し込もうとするんだね」。また、彼はアメリカ人の労働倫理や労使関係についてもコメントする。「たとえ仕事が気に入らなくても、ストライキはしない。毎日きちんと会社に行って、いい加減に仕事をする。これがアメリカ流さ」。

一見すると、『ザ・シンプソンズ』は「アメリカの理想」をひっくり返したもののように見える。なにしろ、うまくいかない家族と失敗を讃える作品だからだ。しかし、最終的にはこのコメディは視聴者を元気づけてくれる。社会をリアルに描きながらも楽天性を失わない——こんな作品は、なかなか作れるものではない。

各回の『ザ・シンプソンズ』の筋の運び方の巧みさには、いつも驚かされる。たいてい主筋のほかに、二本か三本の脇筋があって、それが結末でうまくひとつに結びつく。見ていて物語にどのようなオチがつくのか、まったく予想がつかない。たとえば、プレッツェル販売の回は、パンケーキ屋に女性たちが集まって投資の話をしているところから始まるのだが、結末はシンプソンの家の庭でマフィアとヤクザが争っている光景だった。しかも、この複雑な筋立てが驚くほど手際よく、二〇分の放送時間に収まるよう、まとめられているのである。

巧みなのはプロットの展開だけではない。『ザ・シンプソンズ』をよく見ていると、うまく過去の映像作品を引用していることに気づく瞬間がある。たとえば、ホーマーが宇宙における「平均的な男性」としてNASAに選ばれる回では、三本の映画（『ライトスタッフ』、『2001年宇宙の旅』、『猿の惑星』）と、一九六〇年代の傑作テレビ番組『じゃじゃ馬億万長者』のイメージがふまえられているほか、ギルバート&サリヴァンのオペラ『ペンザンスの海賊』の劇中歌まで使われている。

また、『ザ・シンプソンズ』に登場する人物の数はかなり多いのだが、各人物の出番がたいへん注意深く計算されているため、視聴者は、六〇人を超える人物がほぼ定期的に番組に出ているなどとは、ほとんど気づかない。なかには、画面に数秒しか登場しないのに強烈なインパクトを残す人物もいれば、ホーマーの長く行方不明になっている兄のように、物語を何年も前に放映された回の内容へと結びつける重要な役割を果たす人物もいる。

このように、『ザ・シンプソンズ』はとても複雑に出来ているので、番組を見ていると、従来のアニメ番組を見ているときにはなかったような新しい神経回路が脳に生じると真剣に主張する人もいる。しかし、言うまでもなく、『ザ・シンプソンズ』は、ただ知的で複雑なだけではない。わかりやすい視覚的なギャグや、それぞれの登場人物の面白い口癖、機知に富んだ短いフレーズ(これはホーマーが言うことが多い)も、ふんだんに盛り込まれている。ぼくのお気に入りは、彼の乾杯のときの台詞だ。「アルコールに乾杯。人生のすべての問題の原因であり、解決策であるアルコールを祝して!」。

総じてジャーナリストは、『ザ・シンプソンズ』が好きだ。放映された内容を自分なりに語り直すだけで、与えられたスペースを埋められるからである。ぼくも、ここでそれをやってみることにしよう。ホーマーが周りの人の勧めで日本食に挑戦する回は有名である。彼は結局、きちんと調理されていないフグを食べることになってしまう(お笑いのお約束だ）。二四時間後には、もうこの世にはいないかもしれないと言われ、ホーマーは妻と子どもたちに遺言を伝える（感動的だが笑える）。それから彼は、聖書の朗読テープを聞くことにするのだが、起きていられず、途中で眠ってしまう（いかにも彼らしい）。幸い、死なずに目が覚めた彼は、これからの人生を精一杯、生きようと決意する。しかし、彼の「精一杯、生きる」は、テレビを見ることでしかなかった。ここで視聴者は大爆笑するのである。ただ、（ここが『ザ・シンプソンズ』のすごいところなのだが）ホーマーがテレビを見ている場面は数秒間続く。三秒、四秒、五秒……。やがて視聴者は、笑われているのは自分たちの方だと気づく。テレビを見ることこそ、時間の正しい使い方だと考えている人物はおかしい。しかし、彼のことを笑っているわれわれだって、いまテレビの前に座って貴重な時間を過ごしているではないか。

また、アメリカでは、活字になったユーモアとしてはおそらく世界でいちばん面白いものを読むことができる。『オニオン』というパロディ新聞がそれだ。もともと一九八八年にふたりの大学生が始めた新聞だが、現在ではひろくインターネット上で読めるほか、ニューヨークなどの大都市では紙媒体でも流通している。この新聞は、社会のおかしな出来事を辛辣《しんらつ》かつ愉快に風刺する。安全カミソリのマーケットで、馬鹿げた「軍拡競争」が起きていたときのことだ。この新聞は、大きく「四枚刃がどうした。こっちは五枚刃を出してやる」という見出しをつけて、まるでジレット社の会長自身が書いたような記事を載せていた。

ときには、一見、『ニューヨーク・タイムズ』かなにかと見紛うような真面目な記事が掲載されることもある。もちろん、それは完璧の域にまで達したパロディで、内容にはいつもひねりが入っている。

たとえば、日本の小林尊《たける》さんが、毎年独立記念日に催されているホットドッグの早食い競争に、二〇〇七年は参加しないと表明したとき、『オニオン』は、有名運動選手の引退記事のフォーマットでそれを報じた。この「小林、食卓を離れる」と題された七〇〇語ばかりの文章は、おそらくぼくがこれまで目にしてきた中で、もっとも笑えた新聞記事だと思う。少し長くなるが、ここにその一部を引用しよう。

長きにわたって食物を摂取してきた小林尊は本日、正式に引退を発表した。生涯ほとんど休むことなく活動を続けてきた氏だが、このたび、ついに食卓を離れる決意をしたという。

「食物を吸収する天賦の能力を含め、わたしの身体的な力に衰えはありません。しかし、食への情熱が失せてしまったのです」と、やせて疲労の色を隠せぬ小林は言う。（略）

「ええ、たしかに食物を噛み、飲み込むことは、わたしの人生でつねに重要なことでした。それなしには、きっと今日のわたしはなかったことでしょう。ですが、三〇年近く食べ続けるうちに、だんだん新鮮味が感じられなくなったのです」

（略）

この日本のスター選手の引退発表は、関係者に大きな衝撃を与えた。彼らは、小林にとって食べることはたんなる趣味以上のものであり、内なる神秘的で強大な力が彼を食に駆り立てていたと、口をそろえる。関係者の多くは、小林が死ぬまで食べるのをやめることはあるまいと考えていたようだ。

小林の叔父は言う。「尊はね、人が生きるために息をするように、食べてきたんですよ。食事をしなかった日など、一日もありません。尊の一日は、食べることを中心に回ってました。毎朝、まだ暗いうちから台所に下りてきては、最初の食事を胃袋に流し込み、夜は誰よりも遅くまで夕飯のテーブルについていたものです。よっぽど食事が好きだったんでしょうね。日中、仕事を抜け出して、ランチタイムにも食事を取っていたといいますから。尊はまさに食べることに身を捧げてきたんですよ」

記事中の小林や彼の架空の叔父のコメントは、もちろん創作だ。しかし、実にうまく書けているではないか。ふたりの口調は、野球にすべてを捧げてきたスター選手の引退表明と、その知らせにショックを受けた関係者の反応に細かなところまでそっくりだ。

この『オニオン』は一九九九年に、面白い本を出版している。現在の視点から、二〇世紀に起きた大事件を取り上げ、新聞の一面のトップ記事ふうに仕立てた本である。たとえば、一九四五年のページには、こんな見出しが見える。「終戦！　この日から五〇年にわたる核兵器への偏執が始まる」。

なかでも、際立って面白かったのは、第二次世界大戦の勃発を報じる記事だ。その見出しは、アルファベットたった二文字とハイフンだけである。"WA-"（「戦―」）。

野暮を承知で、このジョークを説明すると、新聞記事では出来事の重要性が大きいほ

ど、見出しに使われる文字も大きくなる。『オニオン』は、第二次世界大戦はあまりに重要な事件なので、見出しの文全体はおろか、単語ひとつにしたって一面に収まらないと言いたいのである（先に挙げた一面の書き出しの後、二面以降に「—争、欧州で勃発」と続く）。

これほど大胆な見出しを思いつく才能には敬服せざるをえない。ひとつの単語のわずか三分の二だけを用いたジョークに、ぼくは心底大笑いさせられたのである。

ニューヨークの落書き

アメリカ人は落書きが好きらしい。いわゆるただの落書きから、芸術の域に達するものまで多種多様だ。店のシャッターに店主自身が書いたとおぼしき落書きもあれば、壁を汚さないように配慮したのか、わざわざ新聞紙に書いてから貼りつけた、「お行儀のいい」落書きもある。

141 BROADWAY 141
D INDUSTRIAL
ODUCTS
ELECTRICAL, PLUMBING & JANITORIAL SUPPLIES
718.782.2534
BKLYN
11211
BEDFORD
INDUSTRIAL
PRODUCTS
YOUR Neighborhood
HARDWARESTORE
KEYS
MADE
2002

5

アメリカン・スポーツ
思い入れがあるのは彼らだけ

アメリカン・フットボール、アイスホッケー、バスケットボール、野球——アメリカ人が熱を上げるスポーツは、どれも地域限定のマイナーなものばかりだ。いかにアメリカが世界から孤立しているかを、これほど鮮やかに示す事例はないだろう。まともな考えの持ち主なら誰だって、世界のメジャーなスポーツと言えば、「アメリカン」のつかないフットボール（いわゆる「サッカー」のことだ）にラグビー、そして少々ランクは落ちるがクリケットの三つだと知っている。いずれもイギリスに起源を持つ球技であることはあらためて言うまでもない。

アメリカで生まれたスポーツが、どれひとつとして世界の他の地域ではメジャーになりえていないのは、アメリカの支配力の限界の証しではないだろうか。かろうじて野球だけが、国際的な競技だと言えるかもしれない。だが、この野球にしたって、高い水準で競技が行なわれているのは、アメリカ合衆国のお膝元に位置する国々と、韓国や台湾、日本といった東アジアにおけるアメリカの「衛星国」くらいだ。アメリカ人自身、このことを認めている。彼らは無頓着かつ傲慢に、大リーグの優勝決定シリーズを「ワールド・シリーズ」と呼ぶ。要するに、野球とは「彼ら」だけのスポーツなのである。

このように、ぼくが「野球はマイナーなスポーツだ」と口にすると、多くの野球ファンは気を悪くする。しかし、事実は単純にして明快だ。野球ファンはクリケットのことを冷笑するが、クリケットの方がはるかに世界的なスポーツとしての要件を満たしているのである。

言うまでもなく、クリケットは大英帝国のスポーツであり、今日でもイギリスおよびその旧植民地の国々の多くでプレイされている。インド、パキスタン、スリランカ、バングラデシュ、南アフリカ共和国、オーストラリア、ニュージーランド、西インド諸島の諸国、それにイギリス——これらの国々の人口の総計は、野球圏の国々のそれをはるかに上回る（かつての大英帝国の強大さがわかろうというものだ）。また、パキスタンのように、クリケットが国民の間で突出した人気スポーツとなっている国々もある。野球の場合、いくら盛んな国でも、野球と同じくらい人気のあるスポーツが、たいていひとつやふたつあるものだ。

さらに重要なのは、クリケットは、イングランド対オーストラリア、インド対パキスタンといったように、国際的にプレイされるスポーツだということである。ヤンキース対レッドソックス、阪神タイガース対読売ジャイアンツといった国内チーム同士の対戦ばかりに関心が集中する野球とは、この点においてもちがう。

戦後、イギリスが大英帝国の維持を断念しただけでなく、クリケットにおける優越性をもいさぎよく放棄したのは、イギリス人の根本的な人の好さの証しだろう。いや、ひょっとしたら、イギリス人は世界を支配しようとした傲慢さに対する償いの気持ちから、あえてクリケットは下手であろうとしているのかもしれない。アメリカがわがもの顔に振舞っている野球とはちがい、クリケットでのイギリスの存在感は大きくない。国際大会では多くの国に優勝のチャンスが開かれているのである。

それにクリケットはとても上品なスポーツである。試合途中に、ランチやお茶のための休憩時間があるスポーツなど、ほかにあるだろうか。この点でも野球と対照的だ。以前、野球選手は休憩時間でもないのに、よくグラウンドの上で嚙みタバコを嚙んでいた。試合中に選手が嗜好品を口にできるほど退屈なスポーツなど、野球以外にほとんどないだろう。たとえば、サッカーのゴールキーパーが試合中にビールのジョッキを傾けているところを想像できるだろうか。スクラムを組む前に、タバコを一服するラグビー選手がいるだろうか。

幸い、野球そのものが世界に広まるのは、なんとか封じ込められたようだ。しかし、思わぬかたちで野球はその悪影響を世界におよぼしつつあるように思う。野球は記録と切っても切り離せない。そして、このような数字化して分類することへの病的なまでの執着が、他のもっと健康的なスポーツをも歪めていっているのである。最近ではサッカーの試合中継を見ていると、ほとんど必ずボールの支配率、パス成功率などの統計が画面に表示される。ファンは、自分の応援しているチームの方がゴールの枠内に飛んだシュートが多かったとか、贔屓《ひいき》にしている誰それは今季、ゴールこそ決めていないが、アシストは多いなどと口にする。ぼくに言わせれば、こんなのは行きすぎだ。九〇分間、相手チームにズタズタにやられて〇―二で負けた後、それでも「ウチのチームが三―二で勝ってもおかしくなかった」と言えるのが、サッカーの試合を見る楽しみのひとつなのだ。統計はこうした自由を奪ってしまう。

さらに腹立たしいことに、ある新聞は、伝説の一九五三年のFAカップの決勝戦をふり返り、統計的分析を加えるということを行なった。この試合はひろく「マシューズの決勝戦」として知られている。試合当時、すでに三八歳になっていた偉大な選手スタンレー・マシューズを讃えるためである。この日、彼の傑出したプレイが、チームに勝利をもたらしたのだ。マシューズは、サッカーファンの間では、史上最高の選手のひとりに数えられており、彼の活躍した年代では間違いなく最高の選手だっただろう。しかし、統計的分析によると、この試合の最優秀選手はチーム内の別の選手ということになるらしい。とうてい受け入れがたい異説だ。

また、アメリカ人は、この偉大な競技の正しい名称が「フットボール」であるということすら学んでおらず、「サッカー」と呼んでいる。幸い、世界ではこうしたアメリカふうの呼び方にならっている国は数少ない。二〇〇五年には、オーストラリアも自国の「サッカー協会」を「フットボール連盟」と改称し、多数派の側に加わった。これはオーストラリアにとっては、たいへん勇気のいる決断だったにちがいない。と言うのも、オーストラリアには、オーストラリアン・フットボールとラグビー・フットボールという「フットボール」と名のつくスポーツが、ほかにふたつもあるからだ。日本で「サッカー」を「フットボール」と言い改めるのは、オーストラリアよりもはるかに容易だろう。より多くの日本人が、この世界的なスポーツを正しい名称で呼ぶようになってくれることを、ぼくは心から希望する。

アメリカではサッカーは、「あれは女の子がやるスポーツだ」とか「ラテンアメリカ系移民のもの」、「中高生向け」などとさまざまな難癖をつけられ、まともに相手にされないことが多い。しかし、このように社会の幅広い階層に浸透していることはむしろ、いかにサッカーが万人向けのスポーツであるかをよく示しているのではないだろうか。実際、女子サッカーについてはアメリカから学ぶべきところは多い。アメリカの街を歩いていると、サッカーを楽しんでいる女性をよく見かけるが、そうした女性はたいてい均整のとれた身体つきをしていて、脚にもしっかりとした筋肉がついている。世界中の少女が追い求めている病的にやせた体型よりも、はるかに健康的だ。

サッカーに関連して、ぼくがとりわけ腹が立ったのは、『フィーバー・ピッチ』（邦題：『ぼくのプレミア・ライフ』）のアメリカ版が作られたと耳にしたときだ。これはもともとイギリス人作家ニック・ホーンビーの書いた、なかなか面白い小説で、この小説を原作にした映画も悪くなかった。イングランドの素晴らしいフットボール・クラブ、アーセナルがテーマとなっているのである。ところが、アメリカ版では、ボストンの野球チームをめぐる反吐《へど》が出るような甘い物語に変わっている。アメリカ人はこれまで何度も、われわれイギリス人が大切にしている文化財を勝手に持ち出しては、それをすっかり台無しにしてきた。たとえば、『狙撃者』、『ミニミニ大作戦』、『ウィッカーマン』といったイギリス映画の名作と、リメイクされたアメリカ版とを比べてみてほしい。しかし、こうしたひどいリメイクの中でも、『フィーバー・ピッチ』の出来の悪さは群を抜いている。

このように、アメリカ人は概してサッカーにほとんど関心がない。サッカー・ファンでなければ、いつプロ・サッカーのシーズンが開幕し、閉幕したかに気づかないなんてことも十分ありうる。だから、ぼくが不愉快なのは、彼らがこれだけサッカーのことを見下しているにもかかわらず、その競技水準が驚くほど高いということだ。ワールドカップでの成績はたいしたものだし、今後の成長の余地を考えれば、恐ろしくさえある。

野球について、もうひとつ興味深い事実を指摘すれば、このスポーツは試合のダイジエスト映像さえ退屈だということだ。この点に関しては、ぼくもアメリカン・フットボールの魅力を認めねばならない。アメリカン・フットボールの試合の決定的な場面は、鳥肌が立つほど感動的だ。ただ問題は、そうした好プレイが、延々と続くCMの間のわずか一五分の試合時間にしか見られないことである。かつてアメリカ人ジャーナリストのジョージ・ウィルは、アメリカン・フットボールについてこう述べた。「このスポーツは、アメリカ社会の最悪の要素をふたつとも盛り込んでいる。委員会のミーティングと暴力沙汰が交互にくり返されるのである」。

べつに意識してそうしたわけではないが、ぼくが初めて自分から見たアメリカン・フットボールの試合は、ニューヨーク・ジャイアンツがスーパーボウルを制した試合だった。その日、試合が始まってすぐ、スポーツ・バーに到着したのだが、あいにく食事を済ませていなかった。ありがたいことに、バーにいた友人が試合は何時間もかかると忠告してくれたので、ぼくはひとまずレストランへ出かけることにした。ゆっくり時間をかけて夕飯を取った後、最初に行ったのとは別のバーに入ったところ、長ったらしい「ハーフタイム・ショー」とかいうものにまだ間に合ったことを覚えている。それから、試合終了までたっぷり一時間ほど観戦した。その一時間のうち、最後の二分間は、ぼくがこれまであらゆるスポーツの試合で目にしてきたなかで、もっとも素晴らしい瞬間のひとつに数えてよい。この二分間に生じたことを、地元ニューヨークの人たちは「二重の奇跡」と呼んでいるが、あながち大げさな呼び方でもないだろう。クォーターバックが、群がる何人もの敵の手を振りほどいてパスを送り、そのパスをレシーバーが、姿勢を崩しながらもボールをヘルメットに押しつけるようにして、なんとかキャッチしたのである。選手たちの体力や運動能力が高いことは、見てすぐにわかった。まさに針の穴を通すようなパスだったし、そのときまで気づかなかったが、ボールから離れるようにして走りながらパスをキャッチするのは、たいへんな修練を要することにちがいない。

しかし、「アメリカン・フットボール」は、その競技名称から「アメリカン」という形容詞を外すことは決してないだろう。そのため、イギリスでのこの競技の統轄団体は、「ブリティッシュ・アメリカン・フットボール協会」という、たいへん紛らわしい名称になっている。ぼくが大学生の頃、アメリカン・フットボールをイギリスにも普及させようとするちょっとした試みがあったのだが、小さからぬ文化的混乱を引き起こしていた。当時、アメリカン・フットボールをやり始めた知り合いが教えてくれた話を、ぼくはいまでも覚えている。彼によると、試合前に整列したとき、チームメイトのイギリス人学生はわざとアメリカ訛りの英語でかけ声をかけ、プレイを始めるということをしていたそうだ。

イギリス人としてアメリカン・フットボールを見ていると、自然といくつかの疑問が頭に浮かんでくる。まず、ほとんどボールを蹴ることがないのに、いったいなぜ「フットボール」と呼ばれているのだろうというのがひとつ。また、アメリカン・フットボールの選手は、ひと目でそうとわかるほど体格がよい。それなのに、どうしてあんな鎧《よろい》のような防具が必要なのだろう。だいたい、いくらアメリカン・フットボールのタックルやコンタクト・プレイが激しいと言っても、ラグビーとたいして変わらないではないか。防具をつけてプレイするのは、どこか勇気が欠けているように見える。もちろん、ぼくには、アメリカン・フットボールの選手に面と向かってそう言えるほどの勇気はないが。

バスケットボールは、自分でするスポーツとしてはとてもよくできていると思う。スピードとスキル、それに持久力も要求される。問題は、見るスポーツとしては、もはや極限にまで来てしまっていることだ。選手たちの能力が高すぎて、攻撃のたびにほぼ必ず点が入るのである。一方のチームがダッと相手陣内へと進んでいって、ゴールを決める。すると攻守が代わって、今度は相手チームが同様に得点を入れる。これが三〇秒ごとにひたすらくり返され、この単調な試合展開に変化を与えるようなことはほとんど起こらないのである。もちろん、随所に目を見張るようなプレイはある。しかし、結局のところ、かりに双方のチームに一〇六回のチャンスがあったとすれば、そのうちの九〇パーセントをものしたチームが八八パーセントのチームに勝つというのがバスケットボールなのである。ある意味、ゲームセンターのモグラ叩きに近いとも言えるだろう。

二〇〇七年は、アメリカのスポーツ界にとっては悪い年だったようだ。バリー・ボンズが史上最多本塁打記録を更新したが、これは多くの人びとにとって後味の悪いものとなった。彼が競技能力を向上させる薬物を服用していたことが、ひろく知られるようになったためである。いちおう、彼の本塁打記録は認められたが、それが問題含みであることを示すため、数字の右肩にはアステリスク（＊）が付されている。こうした薬物の使用はボンズだけにとどまらない。一二月には、大リーグにおける薬物使用についての調査報告書が公表されたが、この報告書には、現役選手だけでなく、すでに引退した選手も含めて何十人もの名前が挙がっている。そのほか、マイケル・ヴィックというアメリカン・フットボール選手が違法に闘犬を組織していたかどで有罪判決を受け、ニューイングランド・ペイトリオッツは不正に対戦相手の「サイン盗み」を行なっていると告発された。

これらの事件はいずれも大きな議論を呼び、メディア報道は飽和状態に達した。しかし、イギリス人のぼくの頭によぎったのは、「世界の他の国々は実際のところ、こうした事件を歯牙《しが》にもかけないだろうな」という思いだった。アメリカ以外でも報道はされたかもしれない。しかし、そこには、ちょっとしたひねりが入っていたはずだ。つまり、事件そのものを報じるというより、「アメリカ人はこうした事件に関心を寄せています」というトーンだったのである。ジダンが現役選手としての最後の試合でイタリア選手に食らわせた頭突きが、ほとんどのアメリカ人に関わりがなかったのと同様、アメリカのスポーツ界の話題は他の国の人びとにはほとんど関わりがない。「マラドーナの神の手」と言っても、アメリカ人にはピンとこないだろうが、逆に「バリー・ボンズのアステリスク」と言われても、世界のたいていの人はわからないのだ。アメリカ人のスポーツの楽しみ方がおかしいのではない。彼らのしているスポーツがおかしいのである――このような言い方をしても、アメリカ人にはわかってもらえないだろうが。

☆☆☆☆☆☆☆☆☆☆☆☆☆☆☆☆☆☆☆☆☆☆☆☆☆☆☆☆☆☆

ななめから見たアメリカの歴史❷

ワシントン少年の桜

古代史を学んだとき、まず教わったのは、有名人物の少年時代の逸話を額面どおりに受け取ってはならないということだ。そうした逸話はたいてい、後世の創作か、かりに史実に基づいていても、大幅に潤色されている。その人物の成人後の行動や性格が、少年時代に遡るようにして投影されているのである。たとえば、アレクサンダー大王は、子どもの頃から、外交使節が遠方から来訪すると、いろいろ話を聞きたがり、父親が他国を征服して凱旋すると、「将来、自分のすることがなくなってしまう」と嘆いた、と伝えられている。また、共和政ローマの末期、君主のように振舞おうとするシーザーらの台頭に抗して、共和政の伝統を頑なに守ろうとした小カトーは、自己の信念を貫くためならば誰をも恐れぬ少年だったらしい。

ジョージ・ワシントンの少年時代の逸話も同類だろう。ただ、事実としては信憑性が低いにしても、こうした逸話には、それを生み出し、いまも大切に語り伝えている社会の姿が、どこかに反映されている。では、桜の木を切り倒しはしたが、そのことを父親に問い質されると、率直に「自分が切りました」と認めたというワシントン少年の話は、どのように受け取ればよいのだろうか。

込められているメッセージは明白だ。罰を受けるかもしれないのに、正直に自分の非を認めたところに、のちに大統領となる少年の優れた性質が現れているということだろう。

だが、どうも納得のいかない点がある。いくら、後で非を認めたにせよ、物を壊すのが褒められたことではないのは明らかではないか。初めから、立派な木を切り倒したりしない、ワシントンより優れた性質の少年が、ほかに何千といたはずだ。それに、悪いことをしたときに（とくに、証拠がはっきり残っているときに）、正直に白状した少年もワシントンだけではあるまい。子どもは、自分の悪事がばれるかどうか、敏感に悟る。ばれそうだと思ったら、自分から認めた方が罰が軽くなるだろうといった程度には、抜け目のない判断をするものだ。

思うに、アメリカ人がこの話を心に留めているのは、正直に非を認めて責任を取るという美風が次第に失われつつあるのを惜しんでのことではないだろうか。もち

☆☆☆☆☆☆☆☆☆☆☆☆☆☆☆☆☆☆☆☆☆☆☆☆☆☆☆☆☆☆

ろん、個々のアメリカ人がみな不正直で、きちんと謝罪しないというわけではない。ただ、全体として見ると、残念ながら、アメリカ社会には正直さが欠けているように思えてならないのである。

アメリカ社会の基本的な特徴のひとつは、誰も責任を負おうとはしないことだ。この国の弁護士の数を見ればいい。彼らは、あらゆる訴訟に首を突っ込んできては、さまざまな主張やら反論やらをくり広げる。かくして、どんな犯罪も、はてしない申し開きや自己弁護なしには決して裁かれないこととなってしまうのである。たとえば、この国では、クルマで人をはねてしまっても、謝ったりしてはいけないとよく言われる。謝罪でもしようものなら、自分の落ち度を認めたことになるからだ。

これについては、ぼく自身、不可解な思いを経験している。いったん仕事を引き受けておきながら、仕上げることができず、期日直前になって「自分には無理だ」と言いだす人がいた。いきなり、そんなことを言われても、ぼくには「でも、あなた、やると言ったわけでしょう。いまさら、代わりの人を見つけるわけにもいかないし」としか言いようがない。当然、謝罪があるものと思っていたら、その人の口を突いて出てきたのは、まったく予期せぬ言葉だった。「いま、それについて話し

☆☆☆☆☆☆☆☆☆☆☆☆☆☆☆☆☆☆☆☆☆☆☆☆☆☆☆☆☆☆☆

てる時間はないから。ほんと、仕事で手一杯なんだ」。まるで、引き止めて話を聞こうとしたこちらに非があるかのような口ぶりである。どうやら、こうした目に遭ったのはぼくだけではないらしく、多くの人から似たような話を聞く。誰も絶対に自分の非を認めようとしないアメリカ社会の特徴を示す好例のひとつに数えていいだろう。

そのほか、ぼくの友人は、屋根に取りつけたデッキを、同じマンションの住民から取り外すよう強要された。マンションの自治会が指定した日時に、デッキの検分をさせなかったためとのことらしい。一見、この友人の側に落ち度があるように見える。ただ、彼は、いつ検分が行なわれることになっているか、知らなかったのである。そこで、弁護士まで呼んで調べてみたところ、そもそも自治会が通知を送るのを忘れていたということが明らかになった。しかし、自治会からはなんの謝罪もなかったという。また、別の友人は、アメリカ人の同僚に重要な仕事を頼んだのだが、三か月もの間、いっこうにその仕事に手をつけようとしない。結局、友人が三日ほど時間を割いて、自分でやる羽目になった。もちろん、謝罪はない。

謝罪がないぐらいなら、まだいい方で、本来なら謝罪すべき人が逆に怒りだすこ

☆☆☆☆☆☆☆☆☆☆☆☆☆☆☆☆☆☆☆☆☆☆☆☆☆☆☆☆☆☆

とも多々ある。面白いことに、その人の落ち度が大きければ大きいほど、怒りの度合いも大きくなるようだ。言葉に怒気を含ませることで、相手に「悪いのはむしろ自分の方だ」と思い込ませようというのだろう。

話をより大きな方向へと広げれば、今回の金融危機についても同じことが言える。途方もない高給を得ている一群のビジネス・エリートが、自分たちでもそのしくみをよく理解できていない金融商品を市場で盛大に取引きすることで、世界経済を崩壊の縁にまで追いやった。なのに、彼らは納税者に多額の救済金を要求するのである。こうした人びとの言動のどこを探しても、責任の自覚や悔恨のしるしは見当たらない。彼らに支給されていた高給は、複雑に入り組んだ金融システムに精通し、そこから富を生み出してきたことへの報酬だったという。まったくのでたらめだ。

アメリカ人が、ワシントンの桜の木の話を愛するのは、日本人が赤穂浪士の話を好むのと似たようなことなのかもしれない。つまり、主人公の振舞いに感心はするが、真似しようとまでは思わないというわけだ。あるいは、第一次世界大戦中の一九一四年、クリスマスの日にイギリス軍とドイツ軍の兵士が非公式の休戦協定を結び、塹壕から出てサッカーの試合に興じたという逸話が、ひろくヨーロッパ中の人

アメリカで桜の木はそんなに珍しくない。ブルックリンで見かけた、この日本ふうの家屋はかなり珍しいけれど。

びとに愛されているのにも似ている。われわれが、こうした話を大切にしているのは、心のどこかで、今日ではもはや起こりえないとわかっているからだろう。

6

貧富の格差

アメリカン・ドリームなんて幻想だ

かつてニューヨーク・ヤンキースの監督をしていたヨギ・ベラが言ったとされる有名な言葉がある。ダブリン市長にユダヤ系の男性が当選したと聞いて（一九五六年）、ベラは感慨深げに、こう言ったそうだ。「アメリカでしか起こりえないことだな」。言うまでもなく、このダブリンはアイルランドの首都ダブリンである。

実際には、ベラはこんな発言をしていないということも十分ありうる。彼はおかしな言い間違いをすることで有名であり、そのため彼にまつわる面白い逸話がたくさん語り伝えられているが、必ずしもそのすべてが事実ではない。しかし、この発言は、アメリカ社会の核となっている幻想のひとつを見事に言い当てていると思う。すなわち、アメリカは世界に類例のない実力本位の社会だという信念である。

どんなに生まれが貧しくとも、富と名声を手にすることができる——アメリカ社会に流布するもっとも強力な神話のひとつだ。「神話」という言葉を使ったのは、べつにそれが真実でないからではない。こうした立身出世の物語が何度もくり返し語られ、人びとの間に共通の価値観を植えつける役割を果たしていることを言いたいのである。

現代で言えば、フランク・シナトラ、オプラ・ウィンフリー、コリン・パウエルといったところが、そうした立身出世を成し遂げた人物の代表例だろう。ただ、彼らの成功譚を耳にするたび、ぼくの頭には、たいていのアメリカ人とはまったく逆の考えがよぎる。ぼくには、彼らは、ふつうの人が困難な境遇からトップにまで登り詰めるのがいかにたいへんかを示す例外的存在としか思えないのである。彼らのように成功できるのは、豊かな才能があって、努力を惜しまず、かつ運にも恵まれた、ごくかぎられた数の人でしかない。その他の大多数は、現実と折り合いをつけながら生きてゆかねばならないのである。

ところが、アメリカ人の多くは、こうした成功者の例から「この国では夢を持って努力をすれば、不可能なことはなにもない」と考えるようだ。残念ながら、こうした考えはアメリカの現実と一致していない。いや、それどころか、他の国々と比べて、アメリカではいっそう現実から乖離している。統計によると、アメリカの社会的流動性は、カナダやデンマークといった国々よりも「低い」。また、社会の所得分布図で、下から五分の一に位置する層が階層上昇を果たせる可能性は、階級社会と言われるイギリスと比べても、アメリカの方がはるかに低いし、逆に上位五分の一がその階層にとどまり続ける率はアメリカの方が高い。つまり、アメリカ社会は全体として、あまり流動性に富んだ社会ではないのである。

ハーヴァード大卒の医師の息子が、一生懸命に勉強して自分も一流大学に進学し、中規模の会社の法務担当部長になったとか、父親のいない家庭で育った少女が苦学のすえ、なんとか高校を卒業してOLになれたとかいう話の方が、華々しいサクセス・ストーリーのような魅力には欠けるが、よりアメリカの現実にかなっていると思う。

しかし、アメリカ人自身も、心の奥底では自己欺瞞に陥っていることにうすうす気づいているのではないだろうか。フランク・シナトラが亡くなったとき、彼について次のように言われるのを何度も耳にした。「シナトラは、アメリカン・ドリームの体現者であった。ニュージャージー州ホーボーケン生まれの少年だったにもかかわらず、その活躍は一世を風靡した」。こうしたコメントを聞くと、ぼくはふたつの点で当惑を禁じえない。ひとつは、「ニュージャージー州ホーボーケン生まれの少年だった」というが、フランク・シナトラが少年だったのは、他のどんな人とも同様、人生の最初の一五年間かそこらのことにすぎない。その後、彼は一人前の男として人生を過ごしたのであり、彼が八二歳まで生きたことを考えれば、少年でなかった期間の方がはるかに長い。もうひとつは、もしアメリカがほんとうに実力本位の社会であるならば、なぜ、その人の生まれをとやかく言う必要があるのかということである。誰にだって夢をかなえるチャンスがあるなら、貧しい生まれをあえて強調しなくてもよいだろう。「ニュージャージー州ホーボーケン生まれの少年」ではなく、「アメリカ生まれの男」でいいのである。

映画監督のマイケル・ムーアは、その著書『おい、ブッシュ、世界を返せ！』の中で、アメリカ人の能力主義信仰の歴史をたどり、その源流のひとつがホレイショー・アルジャーという作家にあることを突きとめている。アルジャーは、現在ではほとんど忘れ去られた作家であるが、全盛期の彼は、出版界ではまさに飛ぶ鳥を落とさんばかりの勢いの大スターであった。生涯に一三五もの小説を書き、一八六八年から七二年にかけての五年間には、なんと一七作を上梓している。このように、矢継ぎ早に作品を発表できたのは、彼の小説の多くが、基本的には同じストーリーの変奏にすぎなかったためでもあろう。善良な少年が、自らの努力と幸運によって、困難な境遇を克服して金銭的な成功をつかむという話ばかりなのだ。彼の小説は、タイトルだけでだいたいの内容がわかる。『努力と成功　ウォルター・コンラッドの歩み』、『ホテルボーイのジョー　決意をもって成し遂げる』……。

今日、アルジャーの小説を読む人など、ほとんどいない。しかし、「ホレイショー・アルジャー神話」は、いまなお生き続けている。信念をもって事にあたりさえすれば成功できるのであり、それ以外の階級や人種といった要素は関係ないという考えは、アメリカ社会ではきわめて根強い。

アメリカ社会に巨大な貧富の格差があることは、よく指摘されている。しかし、ぼくにとって驚きなのはむしろ、たいていのアメリカ人がこの格差にいかに平気でいるかということの方である。アメリカ人の考えでは、誰でも人生のチャンスは平等なのだから、お金持ちはそれに見合う努力を積み重ねてきたのだろうし、貧しい暮らしをしている原因はその人自身にあるということになるのだろう。自分が成功できたのは、恵まれた条件、たとえば親に資産があって教育に十分な費用をかけてもらえる環境で育ったことのおかげも大きいなどと考える人はあまり多くない。

低収入にあえぐ人びと自身も、富裕層に対して驚くほどやさしい。と言うのも、彼らは富裕層の暮らしぶりを、自分もしくは自分の子どもたちがいつの日かたどり着ける目標と見ているからである。これまで、読んでいてもっとも痛ましい思いをした本の中に、『ニッケル・アンド・ダイムド　アメリカ下流社会の現実』という本がある。ジャーナリストのバーバラ・エーレンライクが、ウェイトレスやスーパーの店員、清掃員といったアメリカの低賃金労働の実態をルポしたものだ。七ドルにも満たない時給で郊外の豪邸を掃除するという仕事を、自分も実際にやりながら、エーレンライクは、なんの保障もなしにこき使われている同僚に向かって「この部屋の持ち主に嫉妬しないか」と尋ねる。同僚の答えはこうだ。「わたしが思うのは、ああ、いつかこんな部屋に住んでみたいってことだけね。それで仕事をやる気がわくし、反発は少しも感じない。だって、こんな暮らしをするのが、わたしの夢だもの」。しかし、この本を通して読めば、彼女が最低限度の水準の生活をすることすら困難なことが、痛々しいまでに明らかになるのである。

ぼくは以前、アメリカ人の友人に、誰でもお金持ちになれるという考え方のおかげで力がわくこともあるものなのか、はっきり口に出して聞いてみたことがある。何事にも自信を持てず、消極的な人も、こうした考え方に立てば、前向きに挑戦してみようという気持ちになるかもしれない。彼は「たしかにそうだ」と答えた。しかし、同時に人を追い詰めもするとつけ加えた。現実には、生来の才能や環境に恵まれず、裕福になれる可能性などないに等しい人は大勢いる。そんな人たちまで、お金持ちになれない自分を失敗者だと思い込んでしまうというのである。

また、郵便配達やゴミ収集といった社会生活上、不可欠な仕事は、必ず誰かがやらなければいけない。だが、アメリカ社会ではどうも、このような当たり前の事実への理解が欠けているようだ。社会の誰もが弁護士になれるわけでもないのに、こうした仕事に従事している人びとに対する感謝の念が薄い。それどころか、どこか見下すような態度さえ感じられるのである。

不思議なことに、アメリカの政治制度もまた、実力本位というより封建的である。アメリカ人が、自国の輝かしい民主主義の実績に誇りを持ち、イギリスには、上院に議席を持つ一〇〇名ほどの世襲貴族をはじめとして、いまだに貴族階級が存在していると聞くと、そろって首を横に振ることを考えれば、この封建的性質はいよいよ奇妙と言わざるをえない。

多くの政治家を輩出している名門一族と言えば、ブッシュ家やケネディ家が有名だが、そのほかにも名家は数多い。シカゴでは、デイリー家のことを知らぬ者はいないし、あるいはタフト家のように、その家系図をたどれば、いくつもの州にまたがって政治的影響力をおよぼしている一族もいる。カリフォルニア州知事のアーノルド・シュワルツェネッガーも、こうした名門一族と無縁ではない。結婚当時、話題になったように、彼はケネディ家と姻戚関係にある。知事選を戦うに際して、ケネディ家との関係が、彼に威光と風格を与えたのは間違いあるまい。

新しい名門も生まれつつある。二〇〇〇年、ヒラリー・クリントンが、やすやすとニューヨーク州選出の上院議員に当選したのには驚かされた。なにしろ、それまでの彼女の政治的実績と言えば、「政治家と結婚したこと」がいちばん大きかったのだから。それから、わずか七年後、ヒラリー・クリントンは、民主党大統領候補の指名獲得を目指して、「政治経験豊かな候補者」として名乗りを上げる。彼女の娘のチェルシー・クリントンが今後、政治家への道を歩もうとするかどうかはわからない。ただ、かりに政界入りするとしても、誰も彼女が地味なポストから時間をかけてキャリアを積み重ねてゆくとは思わないだろう。両親の足跡を継いで、いきなり要職に立候補するにちがいない。

もちろん、「政界の名家」なるものが存在するのはアメリカだけではなく、他の多くの民主主義諸国にも見られることである。選択すべき政策の複雑さについていけなくなった有権者は、代わりに政治家の家柄という「ブランド」にすがるようになるのだろう。ただ、アメリカという国の根幹を成している理念に照らし合わせれば、名門一族の存在は奇妙だと思わざるをえない。この国は、ある人が権力の地位にふさわしいかどうかは、その人の生まれによってではなく才能によって判断すべきであるという考え方に基づいているのではなかったか？　こうした疑問に対して、次のように返答することも可能だし、それはあながち説得力に欠ける答えでもない。いわく、世襲貴族の称号が労せずして得られたものであるのに対し、アメリカの政界の名門は、彼ら自身の功績によって形成されてきたものである。それに、名門を維持するには、各世代の政治家が有権者の支持を得る努力をしなければならない、と。

たしかに、そうかもしれない。だが、ジョゼフ・パトリック・ケネディの例を見てみよう。彼は一般に「ケネディ王朝」の礎を築いた人物として知られているが、その「業績」としては、次の三つが有名である。禁酒法時代に密造酒の販売で大儲けをしたこと、ユダヤ人への差別的言辞、それから駐英大使時代の敗北主義だ。一九四〇年、ドイツ空軍の空襲が止まぬロンドンで、ウィンストン・チャーチル首相が国民に向かって、恐ろしいナチズムの暴政に対して勇敢に闘いぬく覚悟をしておくよう呼びかけていたとき、ケネディはアメリカ政府に「民主主義はイギリスでは終わった」と報告し、ヒトラーとの個人的な会見の約束まで取りつけようとしていたのである。また、彼は肝の据わらないところもあったようで、夜ごと、空襲が始まる前にロンドンから避難していたという。国王ジョージ五世が、つねにバッキンガム宮殿を離れず、国民とともに国難に立ち向かう姿勢を示していたことと比べれば、あまりに情けない振舞いだ（ただ、彼の息子ジョン・F・ケネディとロバート・ケネディまで悪く言いたくはない。彼らは真の政治指導者だったと思う）。

さらにもう少し言い足しておくと、イギリスでは爵位は、通例、国家ないし国王に対して大きな貢献があった場合にしか授与されない。ウェリントン公爵がその好例だろう。彼が公爵領を得たのは、一八一三年にナポレオンを打ち破った功績を認められてのことである。しかも彼は、一八一五年、この策略に長じたフランス人が流刑地を脱出して、再び軍勢を整えたとき、公爵領で安穏としているのは許されず、またもや戦場へと赴かねばならなかった。かくして、ウェリントンは一度ならず二度までもヨーロッパを、野心に満ちた軍事の天才ナポレオンの脅威から救ったわけだが、彼は戦勝後、すぐに権力を手にできたわけではない。ウェリントンが首相の座に就くまでには、さらに一三年の月日を要したのである。

ウェリントンは、政治家としてはイギリス国民にあまり人気がなかった。彼は極端に保守的だったため、民主化が進行する時代にうまく適合できなかったのである。「鉄の公爵」という彼の異名は、万一、群集が襲撃してきたときに備えて、彼の邸宅の窓には鉄格子が嵌《は》められていたことに由来する。ウェリントンは三年足らずで首相を辞し、その後、彼の家系から有力な政治家が出てくることはなかった。

まったく尊敬に値しない人物であったにもかかわらず、後に幾人もの有力な政治家を輩出する名家の礎を築いたアメリカ人と、十分な功績がありながら、国民に嫌われたとたんに政治生命を絶たれたイギリス人——ぼくは、あえて極端な例を出しておいた。みなさんが、思考を広げるためのきっかけとしてくだされば幸いだ。

一九九九年、ジョン・F・ケネディ・ジュニアが自家用機で事故を起こし、三八歳の若さで亡くなったのは、たしかに痛ましい出来事だった。だが、人びとの嘆き悲しみぶりは、ぼくには度を越しているように思われた。いかに故人がハンサムで好感の持てる人物であったにせよ、彼はまだたいした実績を社会に残していなかったのだ。なのに、多くの人が「いつか大統領にだって、なれたかもしれない人だったのに」と心から残念がる（たしかに、彼はニューヨーク州の上院議員選に立候補して政界入りするよう懇願されていた）。人びとのこのような口ぶりに、アメリカの名門一家の血を引く者が持つ強力なカリスマ性を、まざまざと感じ取ることができるだろう。

イギリスでは、まったく事情はちがう。たとえば、ウィンストン・チャーチルは間違いなく、英国史上、もっとも卓越した政治指導者のひとりだ。したがって、チャーチルという姓は、イギリスの政界においてそれなりの重みを持っていてもよさそうなものだが、そうでもない。彼の息子も孫も、下院議員にはなりはしたが、たいして力を発揮できず、要職には一度も就けなかった。興味深いことに、チャーチルは、息子の政界での出世の邪魔にならないよう、公爵の称号を授かるのを拒否している。公爵の列に加われば、自動的に上院（貴族院）の方に議席を持つことになるのだが、当時すでに、上院は政界の第一線ではなくなっていた。このように、政治家としてのキャリアを高めてゆこうと考えている者にとって、貴族の称号を手にすることは、イギリスでは実はマイナスとして働くのである。

現代のイギリスにおいて、三世代にわたって閣僚を輩出した家系は、二家族のみである。また、現在の下院で、過去に下院議員を務めた親類を持つ議員も、ごくひと握りだ。いわゆる名門の出であることを利用して、首相の座に就いたのは、一九〇二年のアーサー・バルフォアが最後だろう。彼の政治家としてのキャリアは、伯父のソールズベリ伯爵ロバート・セシルの多大な力添えを抜きにしては考えられない。「たいした努力もなしに、なにかいいことが起きると保証・約束されている」という意味で用いられる"Bob's your uncle."(「伯父さんがボブだからね」。Bob は Robert の愛称)という表現は、ここから来ていると言われている。いかにもイギリスらしい皮肉のきいた嘲《あざけ》りだ。

いつの日か、アメリカ人も、縁故が幅をきかすアメリカ社会の不公平さに気づくだろう。そして、相手の手の内を見透かしたような笑みを口元に浮かべながら、イェール大学に入学が決まった知人には「ジョージがパパだもんね」と、列に横入りしてくる不届き者には「あなたの母さん、ヒラリー?」と声をかけるようになるのではなかろうか。

ぼくは、そんな日を心待ちにしている。

◆付記

二〇〇九年一月、合衆国史上初の黒人大統領が誕生した。これを、アメリカのみならず世界中の人びとが歴史的瞬間として祝福したのも、ごくもっともなことだと思う。ひるがえって、ぼくの母国のことを考えてみよう。イギリスでは初の黒人首相が登場するまで、まだしばらく時間がかかるかもしれない。

しかし、オバマ大統領が選出される過程で、初めて女性が大統領候補者に選ばれる機会が失われてしまったことも、見逃がしてはならない。イギリスは、すでに何人もの女性を国家の元首として、それも名目的な存在ではなく実質的な支配者として擁してきている。現在のエリザベス二世は「君臨」するだけだが、先代のエリザベス一世は実際に「統治」もした。また、一九七九年にはマーガレット・サッチャーが、女性として初めて首相の座に就いている。

実を言えば、人種以外の点では、政治参加の機会の拡張においてイギリスがアメリカより先んじていることも多いのだ。たとえば、二〇〇〇年の大統領選に、アル・ゴア大統領候補とペアを組んで出馬したジョー・リーバーマンは、もう少しのところでユダヤ系初の副大統領になり損ねてしまった。一方、イギリスでは、一八六八年にベンジャミン・ディズレイリがユダヤ人として初めて首相に就任している（ただし、彼は少年時代にキリスト教に改宗しているが）。

信じられないことに、史上初のネイティヴ・アメリカンの血を引く政治指導者も、アメリカではなくイギリスで誕生したという説があるらしい。チャーチル家で言い伝えられているところによれば、ウィンストン・チャーチルには一六分の一、ネイティヴ・アメリカンの血が入っているという。彼の母親はアメリカ人だが、その祖母（つまり、チャーチルの曾祖母）がイロコイ族との混血だったらしいのだ。真偽のほどは定かではないが、現在、チャーチルの子孫はこの説を信頼するに足るものと見なしている。

7

ニューヨーク生活

移住を考えている人へのお役立ちガイド

ニューヨークで地元の人たちに溶け込もうと思うなら、ダイヤル式の錠前を手に入れ、ダイヤルをすばやく回すことに熟達しなければならない。われわれイギリス人にしてみれば、通例、映画の中で銀行強盗が金庫破りをするところを連想してしまう技能である。アメリカ人はこうした錠前を手際よく、すばやく開けるコツを高校時代に会得している。学校のロッカーの錠がこれだからだ。社会に出ても、スポーツジムでこの錠を使う。ただ、ここでは腰に巻いたタオルを手で押さえながら、半裸でダイヤルを回さねばならないため、開け閉めはいっそう困難になる。

この錠を使うには、三つの番号を覚え、順序よく正しいやり方でダイヤルを回さなければならない。まず時計回りに大きく二回転させた後、逆向きに一回転少々、そしてもう一度、時計回りにざっと一回転という具合だ。どの番号もほぼ正確に針に合わせなければいけない。この技能を習得するにはだいたい二か月を要するだろう。ニューヨーク・メッツの話をしながら片手で錠を開け閉めできる域にまで達しないと、ニューヨーカーとは認められない。くれぐれも番号を忘れないこと。

ニューヨークでは、人びとは自前の錠を用意し、つねに携帯している。この街での犯罪の様態をよく物語っていよう。概してニューヨークは非常に安全な都市である。アメリカの大都市の中ではその治安のよさは抜きん出ているし、暴力的な事件の被害者になる危険も低い。われわれがもっとも恐れる事態、見知らぬ他人に殺される可能性など取るに足りないと言ってよい。しかし、この街にはつねに微妙に張り詰めた空気があり、人びとは自分や身の周りのものにいつも気を配っていなければならないのである。

また自転車の様子を物差しにして街の治安を測るならば、残念ながらニューヨークは上位に位置しない。たいていの人が自転車を外に置きっ放しにせず、屋内に入れる必要があると感じている事実を見ればよい。外に置かざるをえないときに人びとが使う数々の重厚な錠を見ればよい。そして、街のあちこちにある錆びついた自転車の「残骸」を見ればよい。まさに、この街の自転車泥棒の徹底性の証しだ。彼らは車輪、チェーン、サドルなど、取り外して持っていけるものならなんでも盗んでいくのである。

アメリカの硬貨のしくみはややこしい。二五セント硬貨なるものがあるせいで、買物の支払いをするときに頭の中で複雑な計算をしなければいけなくなる。この計算を怠ると、ポケットの中の小銭の数と重さはたいへんなものになってしまう。たとえば、スーパーで九ドル六三セントの買物をしたとする。レジで一〇ドル札に一セント硬貨を三枚添えて出しても、たいして効果はない。お釣りも同じく硬貨三枚（二五セント、一〇セント、五セント）だからだ。ニューヨーカーは小銭を家のビンに貯めるか、物乞いをする人の空き缶へと投げ込んでいる。

だから、ふだんはたいてい財布の中の二五セント硬貨が多すぎるように感じられる。ただ、コインランドリーに行くと話は別だ。二五セント硬貨がぜんぜん足りないのである。

「サブウェイ」では手頃な値段でうまいサンドウィッチを食べられる。しかし、パンの種類やら挟む野菜、ドレッシングなど選択の幅が広すぎて、どぎまぎしてしまう。緊張のあまり、つい「ロースト・ビーフにマヨネーズ・ドレッシング、オリーヴ追加。スイス・チーズも入れて」という無難な注文になってしまうこともよくある。事前によく注文を練習しておくことが必要だ。

多くのニューヨーカーは、よくスターバックスに通って、かなりの金額を使っている。月に一〇〇ドルくらいの出費になるのではないだろうか。スターバックスのコーヒーは驚くほど濃い。たとえミディアムと数セントしか値段の差がなくても、ラージを頼んではいけない。問題は、スターバックスではサイズの名前が、「グランデ」だとか「ヴェンティ」だとか外国語になっていることだ。しかし、気にせず「ミディアム」と言い続ければよい。店員はちゃんと出してくれる。

ここで発音についてひと言。"mocha"は「モカ」と読むらしい。スペリングのchにつられて「モチャ」などと発音してはいけない。ぼくはそれで一度、失敗したことがある。また、"tuna"をイギリスふうに「チュナ」と発音すると通じない。サンドウィッチ屋の店員になかなか注文をわかってもらえなくても、腹を立てたり敵意を抱いたりしてはいけない。

"Notre Dame"とはフランス語で"Our Lady"、つまり「聖母マリア」を指す言葉である。アメリカでは、有名なアメリカン・フットボール・チームを擁する大学の名称だ。しかし、アメリカ英語では「ノーター・デイム」という発音になる。さらにややこしいことに、この大学のアメリカン・フットボール・チームは、大学名がフランスふうなのに「ファイティング・アイリッシュ」という愛称を持っている。

ジンファンデルというワインはアメリカ国外ではほとんど生産されていない。だから、試しに飲んでみるのも、アメリカ生活ならではの経験になるだろう。ただし、「ファン」ではなく「ジン」のところにアクセントを置いて注文するように——ぼくも正しい発音を知ったのは、このワインを飲みだして数か月以上経ってからのことだが。

ジンファンデルだけでなく、たいていのアメリカ産の赤ワインはヨーロッパの伝統的なワインよりもアルコール度数がかなり高い。ヨーロッパ・ワインが一二・五パーセント程度なのに対して、アメリカ産の多くは一五パーセント前後だ。これはかなりのちがいである。気をつけよう。世界中のすべてのワインが同じというわけではないのだ。ひとつには、アメリカのブドウの生育条件が、アルコール度数の高いワインを造るのに適しているためということもあるだろう。しかし、アメリカのワイン評論家ロバート・パーカーの並外れた影響力のせいではないかと言う人もいる。世界でもっとも影響力のあるワイン評論家とも言われるパーカーは、重厚で強いワインを好むそうだ。最近では、由緒あるヨーロッパのワイン醸造元もパーカーの好みに合わせたワインを造っていると聞く。

アメリカでは地ビールもまたアルコール度数が高い。イギリスでは平均的なビター・ビールのアルコール度数は三・五パーセント程度だ。もともと大英帝国の時代にインドまで船便で運ぶため、長期間の保存がきくようアルコール度数を上げて造られたＩＰＡ（インディア・ペール・エール）というビールもあるが、それでも五パーセント前後である。日本の大手のビール会社の標準は五パーセントだろう。アメリカの地ビールは、五パーセントが最低ラインで、平均が五・八パーセント、ＩＰＡとなると七パーセントを超えることもある。用心しないといけない。知らないうちにイギリスのビールの二倍の強さのビールを飲んでいることもあるのである。

“funky”という単語には「魅惑的」、「エキゾチックな」という意味もあるが、「むかむかする」という意味もある。「君の部屋はファンキーな匂いがするね」という言葉は

必ずしもお世辞ではない。

細かなちがいにも気をつけないといけない。レッドソックスとホワイトソックスはまったくの別物だ。サンフランシスコ・ジャイアンツは野球のチームで、そう呼ばれているのはサンフランシスコが本拠地だからである。ニューヨーク・ジャイアンツはアメリカン・フットボールのチームだが、そう呼ばれているのはニューヨークが本拠地だからではない（本拠地はニュージャージー）。

チョック・フル・オブ・ナッツ・コーヒーには、べつにナッツがたくさん入っていたりはしない。これは新しいコーヒーの飲み方ではなく、ニューヨークのコーヒーショップ・チェーンだ。缶のロゴも魅力的だし、なかなかいける。

酒好きの間ではよくＰＢＲのことが話題に上る。たとえば、ぼくが読んだ新聞記事には、ブルックリンのあるバーでは街でいちばんのＰＢＲを出していると書いてあった。

ぼくは辞書を引いてみたのだが、よくわからなかった。株価純資産倍率（Price Book-value Ratio）がどうして飲酒に関係があるのか、困惑しただけだ。もちろん、株価純資産倍率など関係はない。パブスト・ブルー・リボンはアメリカ人の間でひろく飲まれているビールである。この名前は、一八九三年のシカゴ世界博覧会でこのビールがブルー・リボン賞を獲得したことに由来している。

ニューヨークに初めてやって来た人がもっとも衝撃を受け、かつもっとも興味を引かれるもののひとつはテレビの福音伝道師だろう。数時間、見てみるといい。アメリカ人の神に対する信仰心（他の先進諸国よりもはるかに強い）と、市場原理に基づくアメリカ経済の見事な要約になっている。伝道師たちはつねに救済の見返りに金銭を要求するのである。なかには、実に巧みな呼びかけをする伝道師もいる。その伝道師は聖書を引用しながら、自分に金を送れば、その金はやがてもっと大きな額になって手元に戻ってくると言う。まさに信仰の飛躍だ。手元に金が戻ってくるよう、神が必ず取り計らってくださると信じなければならないのである。

こうした福音伝道師たちの奇妙さは、キリスト教によるものというより、むしろアメリカ的なものだ。ニューヨークでは、正統派ユダヤ教の基金集めのテレビ番組も放映されている。そして、こちらの方がダンスのレベルは高い。

しかし、残念なことに、こうした番組を物珍しく思っていられるのは最初のうちだけである。

スーパーマーケットでの注意。プランテーンはバナナの別名ではない。たしかにかたちはバナナに似ているし、果物売り場に置いてある。しかし、かじってみるとバナナとは大ちがいだ。火を通さないと食べられないのである。黒人の居住者が多い地区で、この果物を見かけることが多い。


あるアメリカ人がどれくらい国際的で視野が広いかは、その人のフランスに対する態度で簡単に測ることができる。心の狭い人は、フランスの風物すべてを理由もなく忌み嫌う。フランス人のことを、「チーズばかり食べてる、すぐ降参する猿」などと呼ぶ人さえいるくらいだ。しかし、このような言い方をするところに、彼らのフランス人に対する反感の真の原因もうかがえよう。つまり、アメリカのチーズは質が低く、彼らはフランスの上質なチーズを妬ましく思っているのである。

なぜフランスを嫌うのかと聞いてみると、フランスがイラク戦争に反対し、参戦しなかったことを理由に挙げる人もいる。しかし、いまでは多くのアメリカ人がイラク戦争についてはフランス人と同じ考えを持つにいたっているではないか。

また、「すぐ降参する」というのは、フランスが一九四〇年に早々とナチス・ドイツに降伏したことを指して言っているのであろう。だが、考えてみてほしい。アメリカは第二次世界大戦には、フランスの降伏から一九か月も経過するまで参戦しようとしなかったのである。それに、この言い方は、フランス軍が第一次世界大戦では四年間にわたってドイツ軍と塹壕の中で対峙し合ったことを無視しているようだ。

アメリカの右派は、自分たちとは異なったモデルに基づいて成功している国には反感を覚えるようである。彼らはスウェーデンが許せない。高率の税を課しても経済がうまく機能する証明となる国だからだ。彼らは、同盟国でも自分たちの意に従わない国は軽蔑する。しかし、だからと言って、彼らの言いなりに振舞っても、意見を尊重されるわけではない。

ニューヨークでは、たいていの集合住宅はセントラル・ヒーティングで、そのため個々に室温調整ができる範囲はかぎられている。概して、貧しい地区では部屋は寒く、その他の地区では暑すぎる。そこでつい、外の寒さを甘く見てしまい、薄着で外出してしまうことになるのだ。読者のみなさんは、外に出るとすぐ、どれだけ寒いかわかるはずだと思うだろう。しかし、実際のところ、寒気が肌にふれる瞬間は暑すぎる部屋にいたせいで心地よいのである。露天風呂の湯船から上がったときのようなものだ。駅まで歩いていって地下鉄に乗ってから、コートの下にセーターを着込み、帽子やマフラーも身につけてくるべきだったと気づくこともしばしばある。

ニューヨークの寒さは、よそとはまるで別物だ。どんなにしっかり服を着込んでいても、顔は外気にさらされる。そのため長く外にいると、頬が妙にチクチク痛くなってくるのである。対策としたら、寒い日には外に出ないことぐらいしかない。ぜいたくに甘やかされたアメリカ人というイメージがあるかもしれないが、明らかにニューヨーカーはずっとタフだ。イギリスで一度でもここまで寒くなることがあったら、イギリス人は一日中、いやその後、一年中、いかに自分がその寒さと勇敢に戦ったか語り合うことだろう。

アメリカ人は不思議なユーモアのセンスを持っている。スポーツチームに自然災害にちなんだ名前をつけるのはアメリカ人くらいではないか。アメリカのプロ・サッカーリーグ（MLS）にはシカゴ・ファイヤーというチームがあるが、これは一八七一年にシカゴで起きた大火災にちなんだものだ。サンホセ・アースクエイクスの名前が地震に由来するものであることは言うまでもない。こうした命名法はヨーロッパでは例がない。ただ、チェルシーFCがロンドン・ブラックデスとでも改称すれば、対戦相手に与える恐怖感は格段に増すだろうと思うが。

アメリカ人が消防士に払う敬意は独特である。アメリカで小さな少年に、大きくなったらなにになりたいか尋ねれば、よく消防士という答えが返ってくる。イギリスでは、ふつうサッカー選手か宇宙飛行士だ（ちなみに、ぼくは例外である。ぼくの将来の夢は煙突掃除夫だった）。

こうした消防士への敬意は、「九・一一」の事件以来とくに強くなったが、決して近年始まった現象ではない。グスタフ・マーラーの美しい交響曲第十番は未完成に終わったが、記録によれば、その一部は彼が一九〇八年、ニューヨークで消防士の英雄的な死を悼む壮大な葬儀を目にしたときに着想を得たものだと言われている。ニューヨークではいまでも、一〇〇年前のマーラーと同様、任務遂行中に命を落とした消防士たちへの感動的な手向けの言葉を目にできる。次はその一例だ。

ジョン・H・マーティンソン副消防隊長。二〇〇八年、旧ブルックリン・ドジャーズの本拠地エベッツ球場跡に建設された複合住宅施設の火災を消火中に殉職。

ジョセフ・グラファニーノ消防士、ロバート・ベッディア消防士。二〇〇七年九月、世界貿易センター跡地そばの放棄されたビルディングで発生した火災により死亡。

ニューヨーク消防署(FDNY)のトレーナーがひろく愛され、観光客が好んで買う品物になっているのも不思議はない。

トレーナーと言えば、アメリカ人はハーヴァードだとか、ブラウンだとか、デュークとかいった出身大学の名前が入ったトレーナーをよく着ている。これはイギリス人には解せない服装だ。イギリスでは、このようなトレーナーを着れば、まるで洋服を使って自慢をしているように受け取られるだろう。「わたしは頭がよいので、この大学に行きました」というわけだ。イギリスでは自分の母校が有名であればあるほど、人は他人にそれを気づかれないよう注意する。オックスフォードやケンブリッジの卒業生は、同胞に出身大学を明かさなければいけなくなったりしたら、きまり悪さで身を小さくするものだ。ところが、アメリカでは出身大学を宣伝しなければいけないようなのである。

レストランもまた面倒くさいところだ。テーブルに水を持ってきてくれる人がいる。この人はウェイターではない。料理の注文はできない。彼は水を持ってきてくれる人なのである。もし注文をしようとでもすれば、彼はひどく困惑した顔つきをすることだろう——まるで、「自動車を駐車場に置いてきてくれないか」とか「足のマッサージをしてくれ」と頼まれたかのように。

チップを渡さねばならないのはウェイターに対してだけではない。ドアマンにも、クロークの係員にもチップを渡さねばならない。レストランが高級になるにつれ、チップを渡す回数は増える。店内を少し移動するたびに、財布からお金が出ていくように感じられるほどだ。いわゆる「洒落た」店を避けるのがいちばんだろう。だいたい、そうした店はそんなに洒落てはいない。また、高級レストランでは、ウェイターが自分の能力を見せびらかそうとしてか、あえて注文を紙に書き取らないことがよくある。六人のテーブルでそれぞれが料理について細かい注文をしているときなど、こうした態度のウェイターを見ていると、ぼくは大きな不安を感じてしまうのだ。ちゃんと注文どおりの料理が運ばれてくるときもあるが、いつもそうとはかぎらない。それにたとえ間違いが生じなくても、ウェイターがメモを取っていないときは、料理が運ばれてくるまでリラックスできないのである。ジャーナリストとして、ぼくはある出来事についての自分の記憶と、そのとき取ったメモの内容との間にしばしば食いちがいが生じることをよく知っているつもりだ。

ニューヨークの地下鉄は概して便利だし、運賃も高くない。しかし、いくつか注意しなければいけない点もある。まず、ドアが閉まる合図のベルが、ドアの閉まる〇・三秒前にしか鳴らないのは厄介だ。これでは、プラットフォームからあわてて飛び乗ることもできないし、乗ろうとするのをやめることもできない。だから、しょっちゅうドアに身体を挟まれてしまう。もちろん、そうなるとドアはまたすぐ開くのだが、逆に言えば、車内にいるとき、ドアが閉まったからと言って、すぐにドアに寄りかかるのも危険だということだ。突然、ドアが開いて、プラットフォームに放り出されることにもなりかねない。

また、いつ電車が到着するかを知らせる電光案内板もない。ニューヨーカーは、次の電車の到着時間を計る彼らなりの方法を編み出している。プラットフォームから身を乗り出して、トンネルの奥を見つめるという方法だ。ただし、もっと簡単な方法もある。トンネルの奥を見ている人を、ベンチに座って見ていればいい。その人がプラットフォームの端から数歩、後ろへ下がれば、電車が近づいてきている。

ニューヨークの不思議

ニューヨークは不思議な街だ。突然、道路に穴が開く。歩道からは蒸気が噴き出す。街のいたるところに、車輪もなければサドルもない錆びた自転車が放置されている。履きつぶされた古いスニーカーが電線に吊るされているのをよく見かけるが、なにかのおまじないなのだろうか。

Cafe
BAGELS

L

New York

8

ニューヨークの愛称

〝ゴッサム〟に込められたメッセージ

ニューヨークにはいくつか愛称があるが、そうした愛称と街の人びととの間には少々込み入った関係があるようだ。ある愛称は、ニューヨーカーの間でひろく親しまれているが、その由来を知っている人に、ぼくはこれまで会ったことがない。また別の愛称にいたっては、さほどひろく使われていないうえ、少なからぬニューヨーカーが、その呼び名は自分たちの街とは一切関わりがないと言い張る始末だ。

由来のはっきりしない愛称の方から見てゆこう。「ビッグ・アップル」という呼び名がそれである。ぼくはずっと、この呼び方に引っかかりを感じてきた。いったい、ニューヨークのどこにリンゴとつながりがあるのだろう？　ニューヨークはリンゴの産地ではないし、他の都市と比べて、リンゴの消費量が際立って多いわけでもない。どんなに長く地図を見つめていても、空の雲が自然と象のかたちに見えてくるようには、この街のかたちはリンゴに見えてきはしない。ニューヨーカーにこの愛称の由来を尋ねると、返ってくる答えは、たいてい次のふたつのうちのどちらかだ。ひとつは、「だって、そう呼ぶことになっているからだよ」という答え。これでは、まったく説明になっていない。あるいは、「大きい街だから、ビッグ・アップルと言うんじゃないの」という類の回答。もうひとつの答えよりはためになるが、まだ説得力不足だ。これではなぜ「オレンジ」ではなく「アップル」なのか、わからない。

幸い、ぼくと同様、こうした説明にまったく納得できないニューヨーカーがいた。さらに幸いなことに、そのニューヨーカー、バリー・ポピクは、ぼくなんかより、はるかに研究熱心な人だった。ポピクは一九九〇年代前半、ニューヨークの公立図書館に保管されている古い新聞や文書をくまなく渉猟《しょうりょう》し、ビッグ・アップルという語の用例を丁寧に拾い上げた。こうして彼は、この語の起源をたどり、ついにその由来を突きとめたのである。ただ、彼の調査はあまりに広範囲におよんでいて、少々調査そのものが自己目的化してしまっているようにも見受けられる。そこで、ここではその要点をかいつまんで紹介することにしよう。

出発点は、リンゴは馬の好物だということだ。そのため、競馬関係者の間では、大きなレースが開催され、高額の賞金が出る競馬場のことを「ビッグ・アップル」と呼んでいた。この競馬業界の隠語が、ひろく一般に知られるようになったのは、厩舎で働くニューオーリンズ出身の黒人たちがニューヨークのことをビッグ・アップルと言っているのを、ジョン・J・フィッツジェラルドという競馬記者が耳にしたのがきっかけである。彼は、初めて聞いたこの言い方を大いに気に入り、ニューヨークでのレースを指すのに使い始めた。一九二〇年代の『ニューヨーク・モーニング・テレグラフ』紙のコラムのタイトルにも、彼はこの語を用いている。このコラムのおかげで、ビッグ・アップルという言い方を知る人も少しずつ増えていったのだが、コラムを書き始めてから数年経った後でもなお、フィッツジェラルドは読者にこの言葉の意味を説明しておく必要を感じていたようだ。一九二四年に、彼は次のような文を記している。「ビッグ・アップル。それは、一度でもサラブレッドの背にまたがったことのある男なら誰もが思い描く夢、すべての騎手の目標。ビッグ・アップルは世界にただひとつ——それはニューヨーク」。

その後、意味が少し広がって、一九三〇年代には黒人のジャズ・ミュージシャンたちも、ニューヨークをビッグ・アップルと呼び始めた。当時、ニューヨークのハーレムはジャズ界の頂点に位置しており、才能あるミュージシャンはみな、ここで演奏して成功を手にすることを夢見ていたからだ。

しかし、この呼び名がほんとうに多くの人びとに知られるようになるには、一九七〇年代、ニューヨーク市観光局が、独創性のかけらもない「歓楽都市」(Fun City) に代えて、ビッグ・アップルをこの街の半ばオフィシャルな愛称に採用するまで待たねばならない。そして、このときにはもう、人びとはビッグ・アップルという言葉の起源を忘れてしまっていた。当然、でたらめな説明が跋扈《ばっこ》することになり、ポピクはそれもいくつかの類型に分類している。ある説によれば、ニューヨークがビッグ・アップルと呼ばれるのは、大恐慌の時代、たくさんの生活に困った人びとがカートでリンゴを売って歩いたからだという。興味深い説だが、ビッグ・アップルという呼び名は、大恐慌の前から存在している。あるいは、この街の最後のオランダ総督、ピーター・スタイヴェサントが一六四七年に植えた有名なリンゴの木が起源だと主張する人もいる。たしかに、この木は三番街の一三丁目でその後、二二〇年も樹齢を重ねたのだが、残念ながら、リンゴではなく洋ナシの木であった。

このように、ポピクは自分と同じくニューヨークに住む人たちの蒙を啓《ひら》こうと努めたわけだが、彼の長きにわたる努力は、一九九七年にささやかなかたちで報われることになった。ブロードウェイと西五四番街の交差点の一角に、「ビッグ・アップル・コーナー」という名称が与えられたのである。長く人びとの記憶から消えていた競馬記者ジョン・J・フィッツジェラルドは、最後の三〇年間をここで過ごしたのであった。

「ビッグ・アップル」が、その由来をよく知られていない愛称だとすれば、「ゴッサム」は、これがそもそもニューヨークの愛称であることさえ知られていない。ゴッサムがこの街の愛称であることを示す証拠は、いくらでもある。作家のワシントン・アーヴィングは、もう二〇〇年近く前に、この語をニューヨークを指すために用いているし、『ゴッサム』というタイトルのニューヨークの歴史書もある。有名な小説創作の講座やニューヨーク発行の情報誌など、この愛称にちなんで名づけられたものも数多い。

問題は、バットマンがゴッサム・シティーに住んでいることだろう。そのせいで、多くの人は、ゴッサムは架空の都市の名前だと思い込み、もともとニューヨークの愛称だったのを、後に漫画の『バットマン』が借用したとは考えもしないのである。

ぼくは、ゴッサムはニューヨークという街にふさわしい愛称だと思う。ただ、ここで言い足しておきたいのは、この名称もまた、アメリカ人がイギリス文化から広範囲にわたって無断で拝借していった文物のひとつだということだ。"Gotham"は、イギリスでは「ゴータム」と発音されるが、イングランド中部、ノッティンガムシャー州の奥まったところにある小さな田舎町である。ずいぶん昔の歴史書にもその名が記録されている古い町だが、現在でも地図上にその位置を確かめることができる。昔と変わらぬこぢんまりとした町で（人口一六〇〇人ほど）、ここ何十年にもわたって精力的に道路網が整備されてきたにもかかわらず、それでもなお、おいそれとは出かけにくい場所にある。

乱暴に言ってしまえば、ゴータムという町の名がひろく知られているのは、昔からおかしな人たちが住んでいるという評判があるからである。この評判の起源は、はるか一三世紀にまで遡り、一五四〇年には、彼らの奇矯な振舞いを記録した本が出版されたほどだった。池の魚を食い荒らしているのはウナギだと考えたゴータムの人たちが、ウナギを捕まえ、懲らしめるために池に「沈めてやった」話や、自分の乗っている馬が苦しそうにしているので、荷を軽くしてやろうと、馬に乗ったまま、麦の入った袋を自分の背中に担いでやった「親切な」男の話など、面白い話がいくつもその本には収められている。

考えてみると、ニューヨークこそ、このゴータムの後継者にふさわしい。この街は、風変わりな人には事欠かない。ニューヨーカーなら、たいてい一度は、精神不安定な人から罵声を浴びせかけられた経験があるだろう。以前、地下鉄に乗っていたときのことだ。年老いた男性が、空いている隣の席を勧めてくれたので、そこに座ると、その人は大声で、ありとあらゆる呪詛《じゅそ》の言葉をぼくに投げつけてくるのである。あるいは、器用に猫を頭の上に乗せて、アッパー・ウェスト・サイドを一日中、ぶらぶら歩いている男がいる。見ているとついカメラを向けたくなるが、気をつけよう。写真にでも撮ろうものなら、彼は被写体になった報酬として数ドルせびりに来る。しかし、この彼にしても、ぼくがニューヨークで見かけた中で、いちばんちゃっかりした物乞いというわけではない。

一九九七年、ぼくが初めてニューヨークに来たとき、ぼくのアパートのそばのいちばん目立つ場所を縄張りにしている少年の物乞いがいた。彼の「仕事」のやり方はこうだ。すばやく通行人に近づいていって、かぼそい、うめくような声を上げる。そして、黒いビニールのゴミ袋のほかは、なにも身につけていないことを見せるのである。ぼくは、彼の姿を見た通行人の目に、ありありと驚きの色が浮かんでいたのを覚えている。きっと、「まあ、なんてことでしょう！　貧しくて、ゴミ袋しか着る物がないなんて」と思ったのだろう。ぼくは、彼が毎日そこへやって来ては、驚いた旅行者が彼に小銭を恵むのを見た。しかし、どういうわけか、ぼくの見るかぎり、彼が恵んでもらった小銭を蓄えて、衣服を買うことはなかったようである。

このように、わざとみすぼらしい身なりをする変わり者がいる一方で、最近だんだんと「ぼくのお気に入りの変わり者」になりつつある男性のように、服装に関して、物乞いの少年とはまったく逆のアプローチをする人もいる。ぼくは彼の姿を、ニューヨークのどこへ出かけても見かける。たとえば、彼はある日、郵便局でぼくの前に並んでいた。窓口の女性に、自分は将来、弁護士と医師になることをめざして勉強しているのだと、一生懸命に説明している。彼によれば、両方の資格を持っていると、医療過誤の訴訟を担当するときにきわめて有利になるらしい。その二日後、郵便局から数キロ離れたブルックリンの公立図書館で、ぼくの隣の席に座ったのが彼だった。見知らぬ人なのに、なぜすぐにわかるかと言えば、彼がつねに白いスーツを着込み、蝶ネクタイをしているからである。あらためて言うまでもなく、清潔な見かけを保つうえで、白の服ほど面倒なものはない。ところが、彼の身だしなみときたら、いつも非の打ちどころがなく、ほんのりオーデコロンの香りさえ漂わせている。彼は決して金持ちではあるまい。間違いなく貧しく、現実を正しく把握する能力だって怪しいのに、無理をして優雅な外見を維持しているのである。ぼくは、彼の努力に敬服する。ある日、職場の同僚に彼のことについて話をしてみたところ、彼女はその人なら知っていると言う。情報誌『タイム・アウト・ニューヨーク』には毎号、特徴ある見かけの人の写真が載る欄があるのだが、そこで最近、目にしたらしい。その日の夜遅く、仕事を終えて地下鉄に乗ると、同じ車両で彼がすやすやと寝息を立てていた。

イギリスのゴータムの人びとの話に戻ろう。愚か者という評判の彼らだが、愚か者どころか、たいへんな切れ者たちだった可能性が高い。いや、独創性に富んだ人びとと言うべきだろうか。ゴータムの住民の愚行が評判になり始めたのが、ロビン・フッド伝説の成立と、時期のうえでも地域のうえでも、ほぼ重なるのは、おそらく偶然ではないだろう。ちょうど、ジョン王がイングランド国民に重税を課して不評を買っていた時期であり、言い伝えによれば、ノッティンガムシャーの代官は王の命令を厳格に遂行することで、人びとにもっとも恐れられていた人物だったのである（ロビン・フッドがいつも目の敵にしているのは彼である)。この点を考慮に入れて、ゴータムの住民の愚行を検討し直せば、村人たちは、王を村に近寄らせないようにするために、気が狂ったふりをしていたにすぎないとわかってくる。王が村にやって来ると、村人にはたいへんな負担になる。王の一行をもてなすことが求められるだけでなく、王が村の周辺の道を通れば、その道は自動的に第一級の街道に格上げされ、その維持のために村に税金が課されることになるからだ。当時、狂気は伝染すると考えられていた。そこで、ゴータムの人びとは奇矯な振舞いをすることで、王室の権威に面と向かって刃向かうことなく、巧みに王の一行が村を迂回するよう仕向けたのである。

ロビン・フッド伝説なるものは、庶民が慰めを得るために紡ぎ出した民間伝承だと考えられている。どんなに生活が苦しくても、きっと誰かが果敢に権力に挑戦し、「富める者から奪って、貧しき者に施してくれる」と信じましょう、というわけだ。しかし、ぼくの目からすれば、ほんとうの英雄はゴータムの人びとだと思う。彼らは現実的な手段を講じて、自分たちの生活を守った。その過程で、ゴータムの人びとは大いに独創性と独立心を発揮したのだが、このふたつの資質が、現代のゴッサム、ニューヨークにおいても高く評価される美徳であるのは、はたして偶然だろうか。

☆☆☆☆☆☆☆☆☆☆☆☆☆☆☆☆☆☆☆☆☆☆☆☆☆☆☆☆☆☆

ななめから見たアメリカの歴史③

メイフラワー号でやって来た人びと

一六二〇年、メイフラワー号、アメリカ到着——よく知られた歴史的事実である。ピルグリム・ファーザーズと呼ばれる小さな一団が、イギリスでの宗教的迫害を逃れて船に乗り込み、ついにアメリカまでやって来た。そして、この新大陸に、善男善女が宗教を自由に信仰できる場所をうち立てたのである。

ただ、彼らが本質的には、キリスト教の狂信的なまでの信者だったことは忘れてはならない。当時、英国王は、キリスト教の中でも穏健で中庸を得た宗派を国教に採用しようとしていたのだが、それを拒絶した急進的な一派が、このピルグリム・ファーザーズをはじめとするピューリタンなのである。ピルグリム・ファーザーズは、まずオランダへと逃れ、その後、アメリカのマサチューセッツへと向かっている。

このようにアメリカ人の「始祖」たちの強い宗教性を確認しておくことは、アメ

☆☆☆☆☆☆☆☆☆☆☆☆☆☆☆☆☆☆☆☆☆☆☆☆☆☆☆☆☆☆☆

リカが宗教に関して、おかしな道へと足を踏み出しつつある現在、きわめて時宜《じぎ》にかなったことだと思う。今日でもアメリカには、イギリスではほとんど見られない宗教団体がたくさん存在している。エホバの証人、モルモン教、クリスチャン・サイエンスなどの新興宗教（と言っても、かなりの歴史を持つが）は、巨大な組織へと成長しているし、テレビをつければ、そこに映っているのはテレビ伝道師の姿だ。また、アーミッシュや敬虔主義のユダヤ教徒のように、程度の差はあれ、現代社会から隔絶された暮らしをしている人もいれば、既存の宗教から枝分かれして、州政府と相容れない信条を持つようになったグループもある。一夫多妻を認めるモルモン教原理主義者はその好例だろう。その他、サイエントロジーのように特異な宗教団体や、ヘヴンズ・ゲートのように、ふだんは人目につかないが、突如、終末論にかぶれた突拍子もない行動をして、世間を驚かせるカルト教団もある（一九九七年、ヘヴンズ・ゲートの信者三九名は集団自殺をした。自殺すれば、自分たちの魂は、接近中のヘール・ボップ彗星の裏側にある宇宙船に乗れると考えたらしい）。

熱心な信仰も、アメリカでは決して一部の人にかぎられた行為ではない。生徒による礼拝グループがある学校など、国内どこででも見かける。二〇〇七年のハリス

☆☆☆☆☆☆☆☆☆☆☆☆☆☆☆☆☆☆☆☆☆☆☆☆☆☆☆☆☆☆

世論調査によれば、アメリカ人の八〇パーセント以上が神の存在を信じており、無神論者は一〇パーセントにも満たない。六二パーセントの人びとが、悪魔や地獄が実際に存在すると考えている一方、ダーウィンの進化論を認めている人はわずか四二パーセントである。一八五二年であれば、おそらくイギリスでも似たような数字になっただろう。なかでも、よく引用され、ひときわ印象深いのは、半分以上のアメリカ人が自分には守護天使がいて、自分を守ろうといろいろ手助けをしてくれていると信じていることだ。

とくに信仰の篤い再生派のキリスト教徒になると、世界はここ数年のうちに終末を迎えると信じている人が何百万といる。おそらく、みなさんは耳にされたことがないだろうが、アメリカでは『レフト・ビハインド』(取り残されて)という小説がベストセラーになっている。一六巻にもおよぶ長編近未来小説で、今後いかに聖書の予言が現実のものとなるかを描くものだ。正しい信仰を持つ者は文字どおり天上へと召され、地上にはハルマゲドンが到来するのである。シリーズ総計で、およそ六〇〇〇万部も売れているらしい。さらに、この本を原作としたコンピューターゲームのほか、映画も三作、製作されている。

☆☆☆☆☆☆☆☆☆☆☆☆☆☆☆☆☆☆☆☆☆☆☆☆☆☆☆☆☆☆☆

こうしたアメリカ人の生活の深部を流れる強い宗教心の水脈にふれれば、どうして大統領選の候補者たちが、あそこまで露骨に信心深さを前面に出す必要があったかが見えてくる。バラク・オバマが信頼を寄せる聖職者、ライト牧師の発言に国民の注目が集まったのも、そもそも宗教への関心が高いからだろう。ビル・クリントン元大統領は、実習生と性的関係を持ち、おまけに当初、偽証までしたが、それでも政権へのダメージが最小限で済んだのは、ホワイトハウスでの宗教指導者との朝の礼拝ミーティングで、彼が正直に罪を告解したからである。また、再生派の信者、ブッシュ前大統領は、ホワイトハウスで聖書の研究会を開いていたそうだ。かつて大統領の演説起草者を務めていたデイヴィッド・フラムによれば、その研究会は「とても欠席が許される雰囲気ではなかった」らしいが、ブッシュのように信仰心が篤い大統領は決して例外的存在ではない。むしろ、アメリカでは、神を信じぬ者が要職に就くことの方が難しいのではないだろうか。神の名を唱えることは、アメリカの政治プロセスにおいては、欠かすことのできない要素なのである。

一方、イギリスでは、政治家が神のことを語りだそうものなら、その現実認識力に疑いの目を向けられる。ある記者が、ブレア首相（当時）に彼の信仰について質

☆☆☆☆☆☆☆☆☆☆☆☆☆☆☆☆☆☆☆☆☆☆☆☆☆☆☆☆☆☆

問をしたとき、報道担当補佐官アラスター・キャンベルが「われわれは神には関わらないようにしている」とさえぎったのは有名な話だ。イギリスでは、宗教はプライベートに属する問題と見なされているため、政治家がどんな宗教を信じているかを正確に知るのは難しい。だが、優秀なイギリス人新聞記者マシュー・パリスが、歴代首相二四人の宗教的信条を探った面白い記事を『タイムズ』紙に寄稿しているので、その結論を引いておこう。「その大部分は宗教に関心がないか、無神論者である。ただ、キリスト教の熱心な信者もふたりいる。グラッドストンとブレアだ」。

ヨーロッパの方が豪華で美しい教会は多いが、宗教の種類と信者の数はアメリカの方が多い。

9

イギリス人とアメリカ人
いとこのような「特別な関係」

一九八七年一二月、イギリスでもっとも頭の切れる人たち三人を前にして、ぼくは少々圧倒されるような思いをしながら椅子に腰掛けていた。三人のうちのひとりは、パイプを掃除している。火皿にたまった灰を落とそうとして、テーブルの端にパイプをコツコツと打ちつけているのだが、その音のせいで、ぼくはどうもうまく集中できない。部屋のたったひとつの窓からは、明るい日の光の筋が差し込んできていて、まるでスポットライトのように、ぼくを照らし出している。ぼくは懸命に頭をひねって、答えを考えているところだ。チューター（教官）のひとりが、にこやかな笑みを浮かべつつ、こう尋ねてきたのである。「ギリシア人とローマ人との間には、どんな相違点があるかね」。

古くから、オックスフォード大学の面接試験では、受験生に思いもよらぬ質問をぶつけて、その場でどれだけうまく頭を働かせられるかを見るということがよく行なわれるが、ぼくはその洗礼を受けたのだ。ぼくは、筆記試験の小論文で、ギリシア人とローマ人の興味深い共通点について自信たっぷりに論じたことを、おぼろげながら思い出した。それで、チューターはまったく逆の問いを投げかけてきたのだろう。答えに窮したぼくは、面接試験に失敗してしまい、第一志望のカレッジ(学寮)には入学できなかった。

それから二〇年以上経って、ぼくはまた、このときの質問について考えている。いまなら、明らかなちがいをいくつも挙げられるからではない。とっくの昔に、あのときチューターにどう答えるべきだったかについては結論を出している。あらためてこの問題を考えてみようという気になったのは、ギリシア人とローマ人との関係が、どこかイギリス人とアメリカ人との関係に似ているように思えたからだ。端的に言ってしまえば、どちらも、大きな相違点とともに、重要かつ興味深い共通点を持つペアなのである。

しばらく、古代ギリシア・ローマとの類比を続けてみよう。まず、一方の文明の方が、他方よりも長い歴史を有する。また、ローマ文明の最盛期にもギリシア文明は存続していたが、覇権がローマへと移ったのは誰の目にも明らかだった。英米両国の関係もまた然りだ。

かつてギリシアは、イタリアへの植民事業に乗り出したが、結局、ローマの方がギリシアをその帝国の版図に組み込んでしまった。イギリスは、かたちのうえでは、自らのかつての植民地の支配を受けているわけではない。しかし、二国間の関係においてであれ、NATOのような国際機構においてであれ、イギリスが「盟主」アメリカと対等の関係にないのは、はっきりしている。

もちろん、ちがいもないわけではない。紀元前五世紀のギリシア文明の最盛期から、ローマが地中海における強国としての地位を確立するまで、何百年もの月日の隔たりがあった。それに対して、イギリスは、二〇世紀初頭に国力の頂点を迎えた後、わずか数十年ほどで世界の覇権をアメリカに明け渡している。

ローマはギリシアを支配下に置いたが、文化の面では逆にギリシアの方が概してローマより優位に立っていた。ギリシアの優れた文化が、文化的には空白に近いローマへと流れ込んだのである。建築、宗教、雄弁術、哲学、演劇といった分野でギリシア人が育んだ伝統は、ローマにも受け継がれ、ローマ流に手が加えられた。ローマ人の方が秀でていた分野もないわけではない。しかし、そういう場合でも、もともとはギリシア人が手をつけ、その礎を築いた分野であることが大半だ。たとえば、ウェルギリウスの『アエネーイス』は、たいへん素晴らしい叙事詩ではあるが、ホメロスの『イーリアス』と同等に評価することまではできないだろう。また、演劇の分野においては、ローマ人は、ソフォクレスの悲劇やアリストファネスの喜劇ほどの傑作をついぞ生み出すことはできなかった。

こうしたことの多くは、イギリスとアメリカの関係にもあてはまる。文学や演劇については、英米の間に垣根はない。アメリカ人もシェイクスピアはよく読んでいるし、彼ら自身の想像力の源泉ともなっているようだ。アメリカ人がシェイクスピアに与えている地位は、自国のどの劇作家よりも高いのではないか。また、アメリカ人は小説家のジェイン・オースティンをこよなく愛していて、おそらく、彼女の人気は、アメリカでの方がイギリス本国でよりも高い。一方、いかにもアメリカらしい作品を書くアメリカ人作家もいる。何人か思いつくままに名前を挙げれば、詩人のウォルト・ホイットマン、劇作家のアーサー・ミラー、それにソール・ベロー、アーネスト・ヘミングウェイといった小説家だ。しかし、彼らにしても、イギリスの文学伝統から完全に切り離されているわけではない(念のため言い添えておくが、その「イギリス文化」の伝統の多くも、決してイギリス人が独自に育んできたものではない。先行する古代ギリシア・ローマの文化や、アングロ・サクソン民族の文化の流れを汲んで生まれてきたものだ）。もちろん、アメリカ人がイギリス人をはるかに凌駕している分野もある。そのひとつが、現代の政治の場における雄弁術だろう。ジョン・F・ケネディや、その弟のロバート・ケネディ、マーティン・ルーサー・キング、最近ではバラク・オバマといった人たちの感動的な演説を思い出してみるといい。

言語に関して言えば、アメリカ人は（正確には「大部分のアメリカ人は」と言うべきだろうか）、イギリス人と同様、英語を話す。一方、ギリシア人はギリシア語を話し、ローマ人はラテン語を話していた。ただ、教養あるローマ人にとって、ギリシア語を話せることは大いに自尊心をくすぐるものであったようだ。たとえば、ジュリアス・シーザーは、あの有名な最期の言葉「ブルータスよ、お前もか！」を、ラテン語とギリシア語のどちらで言ったのか、はっきりしない。こうしたことについて議論があること自体、いかに古代ローマの政治家が、重要な発言をするときには、ギリシア語を用いることが多かったかを示していると言えるだろう。

高い教育を受けたローマ人がギリシア文化に敬意を抱いていたように、教養あるアメリカ人はイギリス文化に敬意を払う（同様に、かつてイギリスの上流階級は、何世代にもわたって古代ギリシア・ローマの文化を敬愛してきたが、この点については当面の議論に含めないことにしよう）。ただし、イギリス人であれば、自動的にアメリカ人の尊敬を得られるというわけではない。あるイギリス的伝統に属する者が、文化・芸術を愛するアメリカ人から熱烈な賞賛を勝ち取るのである。たとえば、イギリスの舞台俳優、とくにシェイクスピア劇を演じる俳優がそうだ。彼らはアメリカで、まるでポップスターのような歓迎を受ける。イアン・マッケラン（『ロード・オブ・ザ・リング』のガンダルフとして彼を知る人も多いだろう）が、ニューヨークで『リア王』を演じたときは大評判を呼んだし、ジュディ・デンチ（最近のジェイムズ・ボンド映画でMを演じている）は、演劇ファンの間で圧倒的な支持がある。手元にある『ニューヨーク・タイムズ』の文化・芸術欄を広げてみると、いまブロードウェイでは、ピーター・シャファーの『エクウス』が、『ハリー・ポッター』シリーズで有名なダニエル・ラドクリフ主演で上演されているらしい。また二〇〇七年、チケットがたちまちソールド・アウトになったスコットランド国立劇場の『ブラック・ウォッチ』の再演の情報も出ている。

裕福なローマ人は、子どもの養育をギリシア人家庭教師にゆだねていたという。彼らの高い教養を信頼してのことらしい。ぼくは、ニューヨークの富裕層の間で、イギリス人ベビーシッターを雇うのがステイタス・シンボルのひとつとなっていると聞いたとき、このことを思い出した。時代や文化がちがっても、お金持ちは子育てを「アウトソーシング」したがるもののようだ。

しかし、ローマ人は、なにからなにまでギリシア人のことを高く買っていたわけではない。軍事に長《た》けた自国の強大さと比べると、ギリシアの文化は活力に欠け、衰退の途をたどっているとも見ていたのである。これは、アメリカでイギリスについて聞く評判と面白いほど似ている。アメリカ人によれば、かつてイギリス人は屈強で勤勉だったが、いまは、つらい仕事だと聞いただけで顔をしかめる弱虫らしい（当たってなくもないかもしれない）。

アメリカ人がイギリス人のことを「いとこ」と呼ぶのをしょっちゅう耳にするし、イギリス人もアメリカ人のことをよくそう呼ぶ。うまく両者の距離をとらえた言い方だと思う。血のつながりはあるが、兄弟ほど近くはない。兄弟とはちがって、いとこの場合は、好きでもないのに好きなふりをしなくともよい。

ニューヨークでは、イギリス人はあまり尊敬されていない。イギリス人についてよく耳にするのは、"sponger"（スポンジ収集係／タダめし食い）だという評判だ。ぼく自身は、そのような振舞いをするイギリス人を見たことがないが、食事の勘定書が来て、いざ代金を支払おうという段になると、イギリス人は決まってバスルームへと消えるからしい。ただ、ニューヨークでイギリス人の株が低い理由はわからないでもない。概してアメリカへ移住目的でやって来る人は、元の国で抜群に優秀で、野心に満ちた人であることが多いのではないだろうか。メキシコのような国では、国内でもっとも活力にあふれた人たちがアメリカへと流出するので、自国の経済に深刻な悪影響が出るのではないかと懸念されているほどだ。ところが、イギリスの場合はそうではない。ニューヨーク在住の優秀なイギリス人もいないわけではないが、多くの人はイギリス本国ではパッとせず、ニューヨークでぶらぶらする方が楽しいだろうという程度の気持ちで、こちらへ来ているのである。しかも、イギリス人は、リトルイタリーやチャイナタウンのようなコミュニティを作ったりはしない。いたるところに散らばって住み、多様性豊かなニューヨークの文化に、集団として目立った個性をつけ加えることもないのである。

英米人がお互い相手を指して使うあだ名もまた、決して温かみにあふれたものではない。アメリカ人がイギリス人に対して用いる“Limey”には、しばしば軽蔑の意味が込められている。もともとはイギリス人水兵を指して使われた言葉で、昔、長い航海の間にビタミンC不足で壊血病になるのを防ぐため、彼らが港でライムを大量に買い込んでいたことに由来する。一方、イギリス人はアメリカ人のことを“Yank”と呼ぶ。つねに嘲りの言葉として用いられるとまでは言わないが、たいていの場合、アメリカ人を馬鹿にした言い方だろう。ロンドンでは、押韻スラングというコックニー（ロンドンの下町言葉）特有の言い回しに従って、“Yank”を別の言葉に置き換えて言うことがある。押韻スラングというのは、言わんとしている言葉の代わりに、その語と脚韻を踏む単語で終わる二語以上のフレーズを用いることだ。たとえば、電話のことを“phone”とは言わずに、わざわざ“phone”と韻を踏む“bone”を使って“dog and bone”（犬と骨）と呼んだりするのである（きっと、読者のみなさんは頭が混乱してしまっただろうが、どうかお許しいただきたい。そもそも、押韻スラングは、身内にだけ通じる隠語であり、よそ者を煙に巻くのを企図したものなのである）。

元の単語と代用されるフレーズの間には、意味上のつながりがあるときもあれば、ないときもある。「妻」（wife）のことを“trouble and strife”（困難と不和）と言い換えるのは前者の例だろうし、「階段」(stairs) の押韻スラング“apples and pears”(リンゴとナシ) は後者だ。さて、「アメリカ人」の言い換えがどちらの部類に属するかは、みなさんの判断にゆだねたい。“Yank”は“tank”と韻を踏ませて、“septic tank”(下水処理タンク)。

もうひとつ、アメリカ人をムッとさせる手っ取り早い方法がイギリス人にはある。彼らの国のことを「植民地」と呼んでやればいい。

植民地だった過去は、やはりアメリカ人にはどこか不愉快なものであるようだ。アメリカ映画の中で、イギリス人がどのように描かれているかに着目してみると面白い。イギリス英語はしばしば、陰険で冷酷な悪人を示す記号として用いられている。たとえば、『スター・ウォーズ』シリーズでは、暴虐な帝国の皇帝や役人たちの台詞は基本的にイギリス英語だ。『グラディエーター』で、ホアキン・フェニックスが演じる皇帝コンモドゥスは、残忍で卑劣なうえ、意気地のない弱虫で、まったく信頼のおけない男である。当然、彼の話す英語はイギリス式である。あるいは、『タイタニック』で、品性の卑しい男性登場人物がそろってイギリス人であったことに、みなさんはお気づきになっただろうか。『パトリオット』では、イギリス人は、勇敢なアメリカ人を弾圧する、おそろしく横柄な貴族である。『ブレイブハート』でも、イングランド人は、勇敢なスコットランド人を弾圧する、おそろしく横柄な貴族だった。こうしたイギリス人の描かれ方はわからないわけでもない。アメリカという国はそもそも、イギリスの統治に対する反抗からうち建てられたのだから。

好意的に描かれるにしても、「洗練された教養人」というイギリス人自身が好む自己イメージで描かれることは、きわめてまれである。せいぜい、「素直に感情を表に出せない不器用な人」というところだろう（ヒュー・グラントが得意とする役柄だ）。あるいは、イギリス人がジョークのネタになることもある。かなり安易だと思うが、イギリスふうの発音やイギリス独特の言い回しを使って、観客からの笑いを当て込むコメディは少なくない。

にもかかわらず、国際政治の舞台では、「特別な関係」なるものが、英米両国の間に存在しているとよく言われる。ただ、この言葉はいまや、アメリカ政府が自国の対外政策にイギリスを追従させるための外交ツールになりつつあるという声も小さくない。「特別な関係」ゆえに、たとえ問題含みの政策であろうと、イギリスは物質面での援助と道義的なお墨付きを与えざるをえなくなるというわけだ。しかし、一方で、イギリスおよびヨーロッパ諸国が、アメリカの強硬な外交政策、たとえばソ連の脅威に対する断固とした姿勢のおかげで、大きな恩恵を受けたことも否定できないだろう。

この「特別な関係」がもっとも良好だったのは、サッチャー首相とレーガン大統領の時代である。ふたりは、自由市場への信頼と反共産主義という点で完全に意見を共有していた。また、政権発足の時点では予想できなかったが、トニー・ブレアとジョージ・ブッシュも、「反テロ戦争」の遂行を機に緊密な関係を築き上げた。

もちろん、関係がぎくしゃくするときもある。たとえば、イギリスはベトナム戦争に派兵していない。イギリスに先見の明があったわけだが、逆にアメリカの方が賢明だったのは、一九五六年のスエズ動乱のときだ。エジプトのナセル大統領のスエズ運河国有化宣言に反対して運河の支配権を保持しようとしたイギリスに、アメリカは支持を与えなかった。最近の両国の関係を思い出してみると、イギリスはアフガニスタンやイラクでの戦争に関して精一杯アメリカをサポートしようとしたが、その好意はどうやら一方通行だったようで、ブッシュ政権はイギリスの懇願にもかかわらず京都議定書に同意しようとしなかった。「英米関係の『特別さ』は、われわれは彼らの希望どおりに振舞っているのに、彼らはわれわれをまったく無視することさ」。よくイギリス人が苦々しげに言うジョークである。

すべての外交関係について言えることだが、英米の「特別な関係」も時の政治家個人の性格によって左右される部分がある。イギリス人はこの点にかなり敏感なようだ。クリントン大統領については、側近が彼に、イギリスのメディアの取材に対しては必ず「特別な関係」という言葉を口にするようアドバイスをしたところ、大統領は一笑に付したということまで報道されていた。また、ブッシュ大統領は、最初の外遊先になんとメキシコを選び、おまけにそこで「メキシコ以上に大切な友邦はない」と演説して、大いにイギリス国民の不興を買った（ちなみに、彼は二〇〇三年にロンドンを訪れ、「イギリスはアメリカにとって、世界でもっとも親密な友人である」とコメントしている）。

アイルランド系の若き大統領ジョン・F・ケネディは、意外にもハロルド・マクミラン首相とけっこう馬が合ったようだ。マクミランは、伝統あるイートン校出身の、いかにも上流階級然とした首相である。真偽のほどは定かでないが、一九六一年にふたりが会談したとき、ケネディはマクミランに「自分は数日おきにセックスをしないと頭痛がする」と打ち明けたらしい。ふたりがどんな顔をして話をしていたのか、ぼくにはちょっと想像がつかないが。

英国史上、最高の首相と言ってもよいウィンストン・チャーチルもまた、英米両国の同盟関係の熱烈な唱道者だった。両国の関係に「特別な関係」という名前を与えたのも彼である。歴史家としての彼の有名な著作が、『英語国民の歴史』という題名になっているのも偶然ではあるまい。英米両国は、カナダやオーストラリア、ニュージーランドとともに、その歴史、文化、使命を共有していると、チャーチルは考えていたのである。現在、イギリスは、好むと好まざるとにかかわらず、ヨーロッパ大陸諸国との連携を強めてゆかざるをえない状況だが、チャーチルのような考え方は依然として広範囲の支持がある。

実際、チャーチル自身が、「特別な関係」を身をもって体現する人物だった。彼の母親はニューヨークの生まれであり、彼には半分、アメリカ人の血が入っていたのである。

アメリカとイギリスとの関係は一筋縄ではいかない。「特別」ではあるが、いつも温かいわけではなく、お互い親しみはあるが、親密すぎはしない。敬意と軽蔑がない交ぜになった関係である。あの日、ぼくが面接試験で、オックスフォード大学のチューターに言おうとした返答をもじって言えば、こうなろうか。「もちろん、ちがいますよ。でも、完全にちがったふたつのものほど、ちがってはいません」。

10

アメリカの英語

日本語くらい上手に話せたら

イギリスとアメリカの「特別な関係」の根底には、話している言葉が同じということがある。インターネットで、お互い相手の国の新聞にも目を通すし、英米両国で視聴可能なテレビ番組も多い。これまで概して、双方の政治指導者がいたって良好な関係を築いてきているのは、おそらく通訳の手間がいらないためでもあるだろう。なかでも、ロナルド・レーガンとマーガレット・サッチャーはよく気が合ったらしい。就任当時、すでにふたりとも配偶者がいたのが残念だ。

たしかに、英米人はお互い相手の英語を、九九パーセント理解できる。しかし、面白いことは決まって、残りの一パーセントの部分で起きるものだ。素晴らしく機知に富んだオスカー・ワイルドは、通念をひっくり返して、こう述べている。「アメリカ人とイギリス人は、あらゆる点で同一である。ただし、言語だけは例外であるのは言うまでもない」。

アメリカではイギリスとはちがった英語が話されていることについては、ぼくはアメリカに来る前から知っていた。「エレベーター」のことをイギリスでは "lift" と言うが、アメリカでは "elevator" だし、アメリカ人は "colour" を "color" と綴る。話すときのイントネーションやアクセントも一風変わっている。こうしたことはよくわかっていたのだが、それでもやはり、予期せぬ経験をたくさんすることとなった。その中には、興味深い発見もあれば、ただ奇妙としか思えない英語の用法との出会いもある。

正直なところ、ぼくはいまひとつアメリカ英語に適応しきれていない。「行列」のことをニューヨークでは "line" と言うと頭ではわかっているのだが、ついイギリス流に "queue" と言ってしまう。とくにイギリス人の友人とレストランで食事をしているときなどは、うっかり「勘定書き」を "check" ではなく、"bill" と言ってしまいがちだ（もちろん、"bill" と言っても、ウェイターにはきちんと通じるのだが）。

また、イギリスで "trainer" と呼ばれているシューズは、アメリカ英語では "sneaker"

となると聞いていた。ところが、実際こちらへ来てみると、多くの人が"tennis shoes"と呼んでいるではないか。

会話を円滑に進めるためなら、ぼくはアメリカ英語の言い回しを使うのを躊躇しない。「消しゴム」は、"rubber"ではなく"eraser"、「ガソリン」は"petrol"ではなく"gas"。ただ、これだけは譲れないので、次のように言うようにしている。「フットボール、いや、アメリカで言うサッカーのことだけどね……」。

また、その方が通じやすいとわかってはいるのだが、"tomato"という単語をアメリカふうに「トメイト」とは発音する気になれない。やはり、「トマート」だ。ただ、この点に関して面白いのは、一貫性のないのはイギリス人の方だということだ。よく似た綴りの"potato"の母音については、われわれはアメリカ英語の"tomato"のように発音している。

一方、アメリカ人の側もイギリス英語にはよく通じていて、多くの人が、イギリス人は「友人」を指すのに"buddy"ではなく、"mate"を使うと知っている。しかし、ロンドンの俗語である"geezer"は、ぼくはアメリカでは使わないよう注意している。ロンドンでは、この言葉はたんに「男」というニュートラルな意味、あるいは肯定的なニュアンスを込めて用いられる。たとえば、"diamond geezer"は「いいヤツ」のことである。ところが、アメリカで"geezer"と言えば、「よぼよぼのお爺さん」になってしまう。同様に、"pissed"はアメリカ英語では「怒っている」、イギリス英語では「酔った」の意味だ。

北イングランドで"knock someone up"と言えば、「朝、ある人の家まで行って、起こしてやる」ことだ。ところが、アメリカ英語では「女性を妊娠させる」の意味になる。ずっと昔、まだ目覚まし時計が普及していなかった頃、工場によっては毎朝、何百人もの労働者を"knock up"する若い男性を雇うことがあった。この意味での"knock up"が現代の日常会話で自然に用いられる状況はあまりないかもしれないが、かりに使われることがあったら、アメリカ人の間に大笑いするような誤解を引き起こすことは容易に想像がつく。

こうしたたちがいの知識にかけては、間違いなくイギリス人の方が一枚上だ。われわれイギリス人は、アメリカ人の使う俗語をよく知っているが、アメリカ人はイギリスの俗語をそれほど知らない（これはたんに、イギリス人がアメリカのテレビ番組をよく見ているからにすぎない）。そこで、いけないことだと知りつつも、ついやってしまうのは、わざと会話の中にイギリスの口語表現を交ぜてアメリカ人を煙に巻くことだ。「疲れた」と言うのに"knackered"と口にしたり、「まるっきり疑わしい」ということを"bent as a nine-pound note"などと言ったりすると、アメリカ人にはまったく通じない。

よくイギリス英語の方が由緒があり、したがって、より正しい英語だと考えられがちである。しかし、実際のところは、イギリスでは使われなくなった古い単語が、アメリカではまだ残っていたりすることも多い。「おむつ」を指す"diaper"などはその好例だろう。いまイギリスでは、「おむつ」のことを"nappy"と言う。

なにかのことを「すごい」と言うときに、アメリカ人はしょっちゅう"awesome"と口にする。イギリス人には、この用法は少々耳障りだし、きわめてアメリカ的な言い回しだと思われている。ところが、実は、われわれイギリス人がこよなく愛する劇作家ウィリアム・シェイクスピアも、作品中にこの語を用いているのである。

一方、イギリス人はたいてい、"awesome"ではなく"brilliant"という語を使う（いや、正直に言えば、使いすぎる）。ときには、短く縮めて"brill"と言うこともある。こうした言い方は、アメリカ人の耳にはずいぶん面白く聞こえるらしい。

驚いたことに、アメリカに来て数か月もしないうちに、ぼくは以前ほど、アメリカ英語のイントネーションやアクセントを不快に思わなくなり始めた。実際、概してアメリカ英語の方が、イングランド北西部のマンチェスター方言より上品だし、スコットランド南西部のグラスゴー方言よりわかりやすい。むしろ、イングランド北東部のニューカッスルの人たちの話し方の方が別の国の英語のように聞こえる。

ぼくはまだアメリカの地方ごとの方言のちがいまではよくわからないが、区別しようとして注意深く聞いてみると、なかなか面白い。ボストン出身の人の英語は、だいたいわかるようになった。彼らは、"car"や"park"といった単語の中の「アー」という母音の発音の仕方に特徴があるからだ。ボルティモアの人たちは、語中の音を脱落させてゆく傾向がある。たとえば、"Baltimorese"という語からは"ti"の音が消えて、「ボルモリーズ」と聞こえる。

ニューヨークでは、思いもよらぬ言い回しに出くわして面食らうこともある。ある日、友人に「冷蔵庫の中のビールを一本もらっていいか」と尋ねたら、"Knock yourself out."と言われた。たぶん、「どんどん、やってくれ」の意味だと思うのだが、「ノックアウト」という言い方は穏やかではない。あるいは、レストランで自分の皿の上に少し料理が残っているとき、イギリスではふつうウェイターは「お済みですか」と聞いてくる。ところが、こちらでは“Are you still working on that?”と尋ねられるのである。直訳すれば、「まだ取り組まれますか」だ。そのたびにぼくは、食事は「取り組む」ものではないんだがなあと思ってしまう。

さらに当惑したのは、“I couldn't care less.”という表現についてだ。「少しも気にしません」と言うときに、よく使われる言い回しだが、アメリカ人はどういうわけか、しばしばこの文の中の“not”を落とすのである。“I could care less.”なら、「気にする」ことになってしまうではないか。

なじみがなければ意味がさっぱりわからない慣用表現もいろいろある。なかでも、ぼくは“Wake up and smell the coffee.”(「目を覚まして、コーヒーの香りを嗅ぎなさい」)という言い方はあまり好きになれない。どうやら、「事態は明白なのに、それに気づかないなんて愚かだ。現実を直視しなさい」という意味らしい。また、“Don't go there.”(「そこへは行くな」)という言い回しも感心しない。「その話題には立ち入らないようにしましょう」と言うときに用いる表現だが、あまりに使われすぎだ。困ったことに、こうした表現はイギリスでもときどき耳にするようになってきている。

"That's what she said."（「そう彼女は言ったんだ」）は、誰かが意図せず性的な意味にも取れる発言をしたとき、それをまぜっ返すのに使う表現だ。たとえば、ある人が「うわ、君のは大きいね」などと口にしたら、すかさず横から"That's what she said."と言ってやるのである。イギリスでは、このようなときに"As the actress said to the bishop."（「女優は司教にそう言った」）と言う。ぼくは何度もアメリカ人に、イギリス流の言い回しの方がよく出来ていると言い張ったのだが、残念ながら、アメリカで広まることはなさそうだ。

アメリカ英語には、ぼくがどうしても好きになれない言葉がある。そして、どういうわけか、ふだんの会話でしょっちゅう口にされるのは、そういう言葉なのである。たとえば、「疲れた」という意味の"pooped"、「小指」を意味する"pinkie"あたりがそれだ。また、アメリカ人の若い男性は、"dude"という単語を、日常生活のほとんどあらゆる局面で用いる。ほんの少し、言い方や声の調子を変えるだけで、この語は「素晴らしい」、「ひどい」、「やめろよ」、「やあ」など、いろいろな意味で使うことができるからだ。

また、アメリカ英語には、精神分析関係の用語がかなり多い。アメリカでは人生のどこかで精神科医にかかるということが珍しくないため、専門用語が日常の語彙にまで入ってきているのだろう。そこで、よく「誰それは現実を『否認』している」などという言い方がされる（望ましくない現実を受け入れることができない心理状態を「否認」と呼ぶらしい）。ある人のことを「肛門性格」だとか、「受動攻撃的」だと周囲の人が評するのを初めて聞いたとき、ぼくにわかったのは「褒め言葉ではないな」ということくらいである。後でその意味するところを知って、特定の振舞いを描写するにはこうした表現も役立つとわかったが、自分では用いる気になれない。

ニューヨークでは、ユダヤ系の人たちが話すイディッシュ語起源の単語も会話の中でよく用いられる。こうした言葉を理解できないと、ニューヨーカーとは認められない。“kvetch”は「いつも文句ばかり言う」という意味の動詞、“schlep”は「苦労して運ぶ」、“chutzpah”は「図太さ、自信」という意味だ。“schmuck”は文字どおりには「ペニス」を意味する名詞だが、上品な中産階級の人びともしばしばこの語を口にしているところを見ると、もともとの意味は忘れられて、ただ「愚か者」の意味で使われているようだ。

アメリカに来て、ぼくも少しずつ新しい英語の表現を学んでいる。居住者が共同で所有するマンション、コンドミニアムのことを、アメリカでは短く“condo”と言うらしい。

あるアメリカ人が、自分は"four-storey walk-up"の最上階に住んでいると言ったら、その人の部屋は、エレベーターのついていないマンションの、イギリス式に言えば"third floor"（四階）にあるので、下からはるばる階段を歩いて上がっていかねばならない。"railroad apartment"とは、その上を電車が走っているアパートのことではない。各部屋が一直線に並ぶ間取りになっているアパートのことを言う。

「サッカー・シューズ」のことを、イギリスでは"football boots"と言うが、こちらでは"soccer cleats"となる。"beanie"は縁なしの小さな帽子。"trail mix"とは、ナッツや豆類、レーズンなどを混ぜ固めた食品のことで、高カロリーで栄養価も高く、たしかに山道（trail）をハイキングするときにはぴったりだ。

日本に住んでいたことがあるおかげで、ずいぶん助かることもある。日本で暮らした経験がなかったなら、"saran-wrap"や"magic marker"なんてなんのことだか、さっぱりわからなかっただろう（イギリスでは、それぞれ"cling film"、"marker pen"と言う）。日本で英語を教えていたとき、「サランラップ」や「マジックペン」は和製英語だと説明した記憶がある。そのときの生徒諸君には、この場を借りて訂正とお詫びをしたい。面白いことに、先日、"Chicken of the Sea"というツナ缶詰のメーカーを見つけた。「シーチキン」の語源は、このあたりにあるのだろうか。

奇妙なことだが、「電気掃除機」のことをアメリカのメーカーの名にちなんで“hoover”と言うのは、イギリス人の方である。アメリカ人は、“vacuum cleaner”と呼んでいる。

“spring break”とはもちろん、文字どおり大学などの「春休み」のことである。しかし、事情を知らない人には、この一見、地味な呼称からは想像もつかないだろうが、実はこの時期に学生たちが耽《ふけ》る放埓三昧《ほうらつざんまい》も意味の中に含まれている。この言葉から連想されるものと言えば、羽目の外れた飲み会、異性との出会い目当てのパーティー、肌も露わな水着でビーチにくり出すこと……。古代ローマのバッカス祭の現代版とでも言えようか。その点、ほぼ同じ時期にくり広げられる“March Madness”(「三月の狂乱」)の方が、はるかに健康的である。これは、きわめて慌しい日程で催される大学バスケットボールの全米トーナメントのことを指す。

同じ言語を話しているというのにおかしな話だが、われわれ英米人にとって、お互い相手の話し方を真似するのはとても難しい。ぼくはアメリカふうに英語を話すのがおそろしく下手なので、頼まれても絶対に断っている(正直に言って、ぼくはアメリカ英語よりも日本語の方が上手に話せる）。アメリカ人のイギリス英語はさらにひどい。イギリス人がアメリカ英語に接しているほど、アメリカ人はイギリス英語に接していないためだろうが、アメリカ人が根拠なく「自分たちはイギリスふうの発音もできる」と思い込んでいるのも一因だと思う。たいへん腹立たしいことに、ぼくはアメリカ人に自分の名前すらきちんと発音してもらえない。「コリン」はわずか二音節の言葉だ。そんなに難しいはずはないと思うのだが、アメリカ人は母音を正しく発音できない。ぼくはアメリカでは「カーリン」になってしまう。

これはプロの俳優にとっても難しいことらしい。イギリス人俳優でもっとも巧みにアメリカ英語を話したのは、テレビ番組『ドクター・ハウス』のヒュー・ローリーということで間違いないだろう。逆に、アメリカ人俳優でもっともイギリス英語がうまいのは、『スライディング・ドア』（あるいは『エマ』、『恋におちたシェイクスピア』）のグウィネス・パルトロウだと思う。ずっとパルトロウをイギリス人だと思い込んでいたのは、決してぼくだけではあるまい。ぼくは、彼女はなんと上手にアメリカ英語を話すのだろうと感心した記憶さえある。逆に、アメリカ人に見てもらいたいのは、ヒュー・ローリーが馬鹿なイギリスの上流階級の男を演じているところだ（アメリカに渡るまで、彼は喜劇俳優として、こうした役を得意としていた)。きっと驚いて、言葉を失うのではないだろうか。

アメリカ人がでたらめにイギリス英語を発音しているもっとも有名な例は、一九六四年に作られた名高い映画『メリー・ポピンズ』だ。実際、ぼくにとって、この映画の最大の魅力は、ディック・ヴァン・ダイクのコックニー訛り(ロンドンの下町言葉)があまりに下手なので大笑いしてしまうところにある(さらに、どういうわけか、彼はコックニー訛りで話すには芝居がかった顔つきをする必要もあると思ったようで、見ていると笑うどころか、怖くなるときすらある)。子どもの頃、ぼくはこの映画を見ながら、「いったい、この人はどこの出身なのだろう?」と疑問に思ったことを覚えている。コックニー訛りの英語を話す人ということだから、彼はロンドン東部、ぼくの育った地域からたいして離れていないところの生まれのはずだ。しかし、ヴァン・ダイクの演技はあまりに説得力がなく、ぼくには彼がどこの人だか想像もつかなかったのである。むしろ、ぼくはヴァン・ダイクという名前から、彼はオランダ人だろうと推測した。初めて映画を見たとき七歳だったぼくは、「ヴィクトリア朝のイギリスには、オランダ人の煙突掃除夫がたくさんいたんだな」と考えたのである。

アメリカ英語で困ったことと言えば、以前、ぼくはもう少しのところで、朝五時前に起きなければいけない羽目になったことがある。友人がぼくに、明日の朝は遅くとも"five O seven"（五時七分）には出かけなければいけないと言うのである。幸い、彼が妙に正確な時刻を言ってくることに疑問を覚えて、ぼくは彼に再度確認をした。すると、彼の言っていた時刻は実は"five OF seven"（七時五分前）だとわかった。イギリスでは一度も聞いたことのない時刻の言い方なので、聞き間違いが生じたのだ。こうして、ぼくは痛い目に遭わずに済んだのだが、ぼくほど運のよくない人の例もある。あるイギリス人女性が、"fancy dress party"に招かれた。イギリスで"fancy dress party"と言えば、海賊や、牧師、道化などの仮装をして参加するパーティーのことである。奇抜な衣装に身を包んだ彼女は、パーティー会場に到着して初めて、アメリカの"fancy dress party"では正装が求められていることに気づいたそうだ（アメリカでは「仮装パーティー」は、"costume party"と言う）。

英米人のことを、共通の言語によって分け隔てられたふたつの国民と考える人がいるのも無理はない。

ななめから見たアメリカの歴史④

アメリカ独立戦争

世界地図を眺めていると、かつて、イギリスのように小さな国が、現在、アメリカ合衆国と呼ばれている大国（正確に言えば、そのうちイギリスの植民地だった部分）を従えていたなんて、まったく道理にかなっていないことのように感じられる。べつに近代史の展開を詳しく知らなくとも、アメリカが独立し、その後、世界随一の超大国へとのし上がってゆくのは必然の定めだったと思うのではなかろうか。

しかし、アメリカ独立戦争は、決して最初から結果の見えていた戦争ではなかった。それどころか、開戦当時はむしろ、世界でもっとも訓練の行き届いた精強なイギリス軍の楽勝に終わるのは、ほぼ間違いないと考えられていたのである。「大陸《たいりく》軍《ぐん》」と自称したアメリカ軍だが、実際のところは、にわか集めで訓練不足の民兵集団にすぎなかったからだ。

たとえば、一七七六年八月、ブルックリンでアメリカ軍と衝突したイギリス軍は、

☆☆☆☆☆☆☆☆☆☆☆☆☆☆☆☆☆☆☆☆☆☆☆☆☆☆☆☆☆☆☆☆

アメリカ軍に決定的な打撃を与えて、敗走させている。一般に、ロングアイランドの戦いと呼ばれている戦闘だ。このとき、イギリス軍は、「いったん地に伏した相手を、さらに足蹴にしたりはしない」というジェントルマンの慣習に則って深追いはせず、アメリカ兵を捕虜にしなかった。おかげで、水上でもイギリス海軍が圧倒的に優勢だったにもかかわらず、アメリカ軍はイースト・リヴァーを渡って、マンハッタン島まで退却することができたのである。ロングアイランドの戦いで、アメリカ軍の最大の戦果のひとつに数えられているのが、この退却だ。混乱するといけないので、少し整理させてほしい。アメリカ軍は一敗地にまみれ、逃走を余儀なくされたが、イギリス軍の温情で窮地を脱した。そして、アメリカ人はそれを大きな誇りにしている！

もちろん、軍事的な見地から言えば、これはいわゆる「生きながらえて他日の戦いを期す」ということだったのだろう。ぼくの親しいアメリカ人の友人のひとりは、ニュージャージー州に住んでいて、会えば必ずその「他日の戦い」を話に持ち出す。ロングアイランドの戦いから数か月後、アメリカ軍はトレントンの戦いに勝って、戦局を逆転させた。このトレントンは現在、ニュージャージーの州都なのである。

☆☆☆☆☆☆☆☆☆☆☆☆☆☆☆☆☆☆☆☆☆☆☆☆☆☆☆☆☆☆

トレントンを訪れて、歴史に名高い古戦場を見てみようと思ったのだが、知り合いから何度も、トレントンへは行かないよう忠告された。アメリカには、ギャングらによる暴力が日々の暮らしに暗い影を落としている街がいくつもあり、アメリカ人以外にはほとんど知られていないが、トレントンはそうした街のひとつなのである。この街に比べれば、物騒と思われているニューヨークの裏通りの方が、はるかに治安がいい。

そこで、一七七六年のクリスマスの日に、ジョージ・ワシントン率いる軍勢が、トレントンへと向けて、冷たいデラウェア川を渡った地点を見物することで辛抱することにした。この渡河の光景は、のちに画家エマニュエル・ロイツェによって雄々しく描かれ、いまも人びとの心にしっかりと刻み込まれている。現在、ニューヨークのメトロポリタン美術館に、ひときわ目立つように展示されているこの絵は、アメリカでもっとも有名な絵のひとつだろう。ちなみに、この絵には同じ画家による別バージョンがあって、ドイツの美術館に収蔵されていたことは、さほど知られていない。ただ、残念ながら、一九四二年のイギリス軍の空襲によって、その絵は焼失してしまった。

☆☆☆☆☆☆☆☆☆☆☆☆☆☆☆☆☆☆☆☆☆☆☆☆☆☆☆☆☆☆☆☆☆☆☆

アメリカ軍がデラウェア川にまでたどり着いたとき、彼らの旗色はきわめて悪かった。これまで何度となく敗北を喫しては、そのたびに退却を強いられ、このデラウェア川へやって来るのにも、凍てつくような吹雪が吹きすさぶ悪天候の下、ニュージャージーの森の中を行軍してこなければならなかったのである。したがって、指揮下の兵とともにみすぼらしい船に乗り込み、氷の張った川を渡って、向こう岸の砦に奇襲をかけるというのは、ほとんど最後の賭けに近いところがあったと言ってよい。驚いたことに、ワシントンがこのクリスマスの奇襲を決意したのは、ひとつには、年内いっぱいで兵役期間が切れ、隊を離れることになっている兵士が数多くいたためでもあったらしい。独立をめざして一か八かの攻勢をかけるにしては、少々、用意に周到さが欠けているのではないだろうか。

しかし、それ以上にぼくが疑問に思うのは、この戦いでアメリカ軍は「ヘッセン兵」相手に勝利を収めたと記されていることだ。ぼくはアメリカ史については多くを知らないが、その乏しい知識によれば、あるいはアメリカ人の知り合いがぼくにくり返し語るところによれば、アメリカ独立戦争は、イギリス軍相手の戦争だったはずである。調べてみると、どうやらイギリス軍は、その任務の多くを、何千もの

☆☆☆☆☆☆☆☆☆☆☆☆☆☆☆☆☆☆☆☆☆☆☆☆☆☆☆☆☆☆

ドイツ人傭兵に「アウトソーシング」していたらしい。つまり、一二月二六日の朝、アメリカ軍が奇襲をかけ、戦争を通して最初の会心の勝利を挙げたのは、こうしたヘッセン兵が守る砦だったのである。

ここでもまた、少し整理させてほしい。イギリス軍とは対戦するたびに打ち負かされてしまうので、アメリカ軍は、イギリス兵ではなくドイツ人傭兵から成る部隊に攻撃目標を変えた。おまけに、年が明けると味方の兵隊が半分になってしまうため、その前になにか戦果を上げておかねばならないという事情もあった。そこで、クリスマスの翌日未明、ふつうの人なら前夜の夕食の七面鳥でまだ腹がいっぱいで動けないときに砦を急襲し、まんまと独立戦争で初めての大勝利を収めたというわけである。

もちろん、この戦い以外にも、独立戦争には節目となる戦いがいくつもあり、戦局はしばしば予期せぬ展開を見せた。「ななめから見ないで」真面目に言っておけば、トレントンの戦いは、逆境におけるアメリカ軍の敢闘精神と、ワシントンの卓越したリーダーシップを示すものだと思う。この戦いから数日後、アメリカ軍はプリンストンで、今度はイギリス兵相手に重要な勝利を挙げることになる。

☆☆☆☆☆☆☆☆☆☆☆☆☆☆☆☆☆☆☆☆☆☆☆☆☆☆☆☆☆☆☆

アメリカ人は愛国心が強い。ブルックリンのこの通りには、
すべての家の軒先に例外なく国旗が飾ってあった。

11

アメリカ人との出会い
癇に障るデイヴとおとなしいデイヴ

初めてアメリカ人と出会ったとき、なんだか落ち着かない気持ちがした。見かけは、われわれイギリス人とたいして変わらない。ちがうところと言えば、彼らの方がよく微笑み、その微笑みがやや大げさなことぐらいだろう。話している言語も同じだ。だが、その言葉を使って、人にどのように働きかけてゆくかは大きくちがう。うまくひと言で言えないのだが、ぼくは彼らの言葉の背後に、微妙に非イギリス的なもの、イギリス人にとってはあまり愉快でないものを感じたのである。

大学時代、ぼくには何人かアメリカ人の知り合いがいた。なかでも印象深いのはデイヴ、ぼくらの間での呼び名で言えば、「癇に障るアメリカ人デイヴ」だ。デイヴはなにかにつけて、イギリスの悪口ばかり言っていた。カレッジ（学寮）のシャワーの数が足りないと不平を言いだしたかと思えば、もっとパソコンの台数を増やせとごねる。トイレットペーパーの質にまで文句をつけることもあった。ぼくのカレッジでは、警備上の理由から、深夜零時を過ぎると裏門を施錠する決まりになっていて、それ以降、カレッジに入るには、五分ばかり歩いて正門に回らねばならない。もちろん、デイヴがそんな遠回りをするわけがない。彼は塀をよじ登って入ろうとしては、しょっちゅうカレッジ中に警報ベルの音を鳴り響かせていた。要するに彼は、自分のやり方を曲げてイギリスの習慣に合わせる、ということが決してないのである。ぼくらが注意すると、彼の答えはいつもこうだった。「きみたちは、ぼくがアメリカ人だから、ひがんでいるんじゃないか」。

なかでも最悪だったのは、週に二回、朝の六時にカレッジの半数の学生の目を覚まさせていたことだ。ぼくの友人のピーターという男が、デイヴと同じボート部に属していて、彼らは朝早く、講義が始まる前にボートの練習をしていた。連れ立って川へボートを漕ぎに出かけるとき、四階のピーターの部屋まで静かに昇ってきてドアをノックしてくれればいいのだが、デイヴは中庭から、あらんかぎりの大声でピーターを呼ぶのである。ぼくの知り合いはみな、ぼくにこの迷惑なアメリカ人をなんとかするよう言ってきた。ぼくは、たしかに自分はときどきデイヴといっしょにいることがあるが、それはたまたま、ぼくらがふたりともピーターの友人だからであって、ぼくとデイヴはとくに親しいわけではないと説明したのだが、誰も納得してくれない。とうとうある日、ぼくはデイヴに、きみのせいでピーターの近くの部屋の何十人もの学生が迷惑していると伝えることとなった。彼の答えはこうだ。「いいじゃないか。四階まで階段を昇る気にはなれないよ」。そして、自分は膝が悪いからと言い訳をする（夜中に塀を乗り越え損ねて、痛めたのだ）。しかし、膝が悪いと言うわりには、彼は川へ自転車で出かけて行って、ボートを漕ぐのを決して止《よ》したりはしないのだった。

デイヴの態度があまりに失礼なので、ぼくは、彼がイギリスに来たのは、彼にマナーを教え込もうとして万策尽きはてた周囲の人びとが、最後の手段として一か八か彼をイギリスに送り込んでみたからではないかと考えたこともある。そうだとしたら、その試みは完全に失敗だったと言わねばなるまい。「お前、頭がいかれてるよ」（You're f**ked in the head.）。これが、他人と意見が合わないときに、彼が決まって口にするフレーズだった。また、あるとき、ぼくが彼に友人を紹介しようとすると、彼はこう言って、さっさとぼくらの前を通り過ぎて行った。「勘弁してよ。ほかにやることがあるんだから」。「ごめんね、いますごく忙しいから」でもなく、「挨拶したいところなんだけど、急用で手が放せなくて」でもない。「ほかにやることがあるんだから」。まるで、自分の予定していることと比べれば、ぼくの友人など、ちょっと立ち止まって挨拶する価値もないと言わんばかりだ。

「癇に障るアメリカ人」という言い方は、古くからある。かつて、アメリカ人は金に飽かして、はるばる飛行機でイギリスまで観光にやって来ては、「アメリカとはちがう」と文句を言っていたものだ。やれ建物が古すぎるだの、道路が狭すぎるだのと、こぼしていたのである。デイヴはまさに、こうしたアメリカ人のイメージそのままの人間だった。そう考えれば、偉大なる作家グレアム・グリーンが、自分の小説に『おとなしいアメリカ人』というタイトルをつけたのは、見事だったと言うほかないだろう。「おとなしいアメリカ人」というアイディア自体が面白い。いや、グリーン自身の指摘によれば、これは撞着語法(「公然の秘密」のように矛盾する語の組み合わせ)なのである。

偶然とは恐ろしいもので、「癇に障るアメリカ人」とまったく同じ時期に、ぼくのカレッジには「おとなしいアメリカ人」がいた。この物腰のやわらかい、礼節をわきまえたイギリス好きの学生は、ずいぶんつらい目に遭ったようだ。元来、イギリスの知識人階級はアメリカ人に敵意を抱いている。根拠もなしに、アメリカ人のことを粗野で無教養だと思い込んでいるのである。オックスフォード大学では、アメリカ人学生と聞けば、学業が優秀だからではなく、制度上、イギリス人の学生よりも高額の授業料を納めねばならないから、大学が入学を許可したのだと考える風潮が支配的だったように思う。

こうした環境のもとで、「おとなしいアメリカ人」は、いつも自国を弁護しなければならなかった。あるいは、「さあ、レーガンは馬鹿だと認めなよ」といった具合に、われわれイギリス人の期待にかなうよう、自国をこきおろすことを求められたのである。何年か後に彼と会ったとき、彼は「オックスフォードでは、一分たりとも自分がアメリカ人であることを忘れさせてもらえなかったよ」と言っていた。たしかに、彼がちょっと自分の見解をアメリカ英語で口にしようものなら、たちまち「そんなふうに考えるのは、きみがアメリカ人だからだよ」という反論が返ってきたことだろう。ぼくは彼に、これまでアメリカから偉大な文学者はひとりも出てきていないと言った記憶がある。こんな妄言を彼は笑い飛ばしてもよかったはずだが、驚くほどやんわりとアーネスト・ヘミングウェイやF・スコット・フィッツジェラルドといった例に、無知なぼくの注意を向けてくれた。また、イギリスでは、ふつうの水道のほかに、熱い湯が流れている水道が全土に張りめぐらされていて、洗面所などのお湯の蛇口は直接そこにつながっているのだと言い張った覚えもある。「アメリカでは、冷たい水を引いてきてボイラーで温めているのかもしれないが、この国ではちがうんだよ」と、ぼくは高らかに言い放ったのだ。さすがに、これには彼も笑っていた（真面目に反論しようという気になる人間がどこにいる?）。

この「おとなしいアメリカ人」にとって不幸だったのは、彼の名前もまたデイヴだったことだ。少なからぬ人が、彼と初めて会ったとき、「これがあの悪名高い『癇に障るアメリカ人デイヴ』か」と思ったにちがいない。それから数年後、今度はぼく自身が、困った人物と同じ名前であるのがどれだけ厄介なことか、痛感することになるのだが。

12

アメリカ式社交術

ネットワーキングにはぞっとした

イギリス人ではなくアメリカ人が多数派を占めるグループの中に、ぼくが初めて入ったのは、面白いことに、日本においてだった。日本のJETプログラム（外国青年招致事業）には、イギリス人の数をはるかに上回る何百人ものアメリカ人が参加していたのである。勢力の均衡を図ろうとしてか、イギリス人やカナダ人、オーストラリア人、ニュージーランド人といったアメリカ以外の国からの参加者の間には、自然と一種の同盟のようなものが出来上がっていった。しかし、それでもわれわれは、アメリカ人グループの巨大な勢力にはかなわなかった。とくに埼玉県はオハイオ州と友好関係にあったので、埼玉県に派遣されたプログラム参加者には、誠実さで名高いアメリカ中西部の人た

ちが何十人も含まれていたのである。

ぼくは、アメリカ人がとてもいい人たちなので驚いた。親切で真面目、なかにはすごく面白い人もいる。しかし、彼らのことがまったく理解できないときも多々あった。ぼくら埼玉のJET参加者のために、ある日本人の家族が歓迎会を開いてくれたときのことだ。素晴らしい和太鼓の演奏に、ぼくはたいへん感激したのだが、続いて『小さな世界』、あの陳腐で安っぽいディズニーの歌をみんなで歌いましょうと言われて、せっかくの感激も台無しになってしまった。頭を抱えて、うつむこうとすると、なんとアメリカ人たちは、まるで一二歳かそこらの子どものように、楽しそうに歌いだすではないか!

歌と言えば、あるとき、けっこう歌の上手なアメリカ人の女の子が、まったく出しぬけに、「シンポジウムの締めくくりとして、アメリカ国歌をアカペラで歌います」と言いだしたこともあった。そこにいた人たちの中で、アメリカ国籍を持つ者はその半数にも満たなかったのだから、彼女の振舞いは、きわめて文化的配慮に欠けた行為と言えるだろう。イギリス人なら、このようなときに、『ゴッド・セイヴ・ザ・クイーン』を歌おうなどとは決して言いはしまい。それはまるで、シンポジウムの余興にズボンを膝の上まで捲《まく》り上げて、演壇でモンキーダンスでも踊ってみせましょうかと申し出るようなものだ（いや、ぼくはむしろ、こちらの方がまだましだと思う）。カナダ人がひとり、途中で部屋を出て行った。ぼくは憮然とした面持ちで最後まで歌を聞いた。アメリカ人は、割れんばかりの大喝采を送っている。このように彼らは、えてして場所柄をわきまえることなく愛国心を誇示しがちなのである。

おまけに、アメリカ人は人を見る目がない。悪いめぐり合わせとでも言うべきだろうか、ぼくは、JETプログラムに参加しているイギリス人のひとりを、会ったとたんに嫌いになってしまった。彼はつねに陽気に振舞わなければいられないというような性分で、ぼくには（ぼくだけでなく、おおかたのイギリス人には）あまり好きになれないタイプだった。大げさに誇張したイギリス英語を話し、"Good-bye"の代わりに"Toodle Pip"と言ってみたりするなど、もはや今日では使われなくなった風変わりな言い回しをあえて会話の中に用いる。おそらく、『ノッティングヒルの恋人』でヒュー・グラントが演じていた口下手なイギリス人男性をモデルにして、イギリスらしさを演出しようとしていたのだろう（ただし、ヒュー・グラントほどハンサムではない）。そのうち彼は、自分がイギリス文化のあらゆる側面に通じた権威であるかのように振舞い始めた（ここでひと言、彼を弁護しておけば、たしかにわれわれは「文化大使」としての役割を果たすことも要求されていた）。プログラムに参加している他のイギリス人すら、誰ひとりとして彼を自分たちの代表と認めていないにもかかわらず、自分はイギリス国民全体の代表だと勘違いしだしたのだ。そして、こんな彼を、アメリカ人は大いに気に入ってしまったのである。

しかし、彼のこうした欠点を、ぼくはみな許してやってもよいと思っていた――彼の名前がコリンでさえなかったならば。すぐにアメリカ人の間で、「コリンというすごく面白いイギリス人がいる」という噂が広まり、そのせいで、ぼくはずいぶん面倒な思いをすることになった。ぼくと話をするアメリカ人は、必ずぼくともうひとりのコリンを比べ、ぼくは彼ほど面白くないと判断を下すのである。ぼくは、アメリカからの参加者と、たとえばジョージ・オーウェルの人生とかいった話題について語り合いたかった。一方、もうひとりのコリンは、ひとりで延々とモンティ・パイソンのコントをアメリカ人の前で演じてみせていた。

それでも、日本にいる間に、何人かのアメリカ人と親しくなった。個人としての彼ら、つまり、他のアメリカ人と連れ立っていないときの彼らは、ぼくにはたいへん好ましく思えた。ただ、やはりとまどいを覚えることも少なくなかった。たとえば、ぼくが飲みに行こうと誘うと、彼らのスケジュールは数日先、ときには数週間先まで塞がっている。ハイキングやら書道、勉強会といった予定が、ぎっしりと入っているのだ。イギリス人も、もちろん勉強はする。だが、概して試験前だけ、それもひとりでやるものだ。先生が美人なら、書道教室にも通うだろう。ハイキングに出かけることもあるが、それはその後に美味しい酒を飲むのが目的である。ところが、アメリカ人ときたら、ハイキングや書道自体が好きで、いそいそと出かけていくようなのだ。その日、いっしょに飲んでくれる友だちが見つからなかったからというわけでは決してない。おそらく、アメリカ人はこうした活動を自分の「業績」として数え上げ、履歴書に日々、書き加えてゆくのだろう。

日本にいるとき、もっとも違和感を覚えたアメリカ人たちの習慣は、彼らが「ネットワーキング」と呼ぶ活動だ。最初、この言葉を聞いたとき、イギリス人は誰もなんのことだかわからなかった。だが、アメリカ人は、ネットワーキングにたいへんな時間と労力をつぎ込んでいる。週末のビールの誘いを断る人もいたくらいだ。その後、ぼくはネットワーキングの意味を知って、ぞっとした。アメリカ人はこんなことを、それも公然と恥ずかしげもなく行なっているとは！　日本で経験した唯一にして最大のカルチャーショックかもしれない。

ネットワーキングとは、簡単に言えば、自分の役に立ってくれそうな人と会って、知り合いになろうとすることである。こうして人脈を広げておけば、仕事を見つけ、キャリアを高めるのにつながるだろうし、少なくとも、自分のやりたい仕事についての知識を深める機会になるというわけだ。たしかに、理にはかなっている。しかし、これはイギリスでは、立身出世のために有力者に取り入って、ゴマをする行為と見なされる。この点に関しては、ぼくは旧いタイプの人間だった。かりに、ぼくのキャリアにつながる地位にいる友人が、自分からぼくに援助の手を差し伸べてくれたとしても、ぼくはその申し出を断ったことだろう。自分たちの友情が打算に基づくものではないと示したいからだ。基本的には、他のイギリス人のプログラム参加者も同じ考えだったと思う。交友関係が仕事に役立つというのは、友だちづき合いのあくまでも副産物でしかない。しかるに、アメリカ人はおおっぴらに、自分にとって役立つ人と友人になろうとする。その人が有用だから、親しくなろうとするのだ。ぼくには、そんな振舞いはあまりに功利主義に染まったものに見え、ぞっとするほど不誠実だと感じられた。

　ＪＥＴプログラム参加者の集まりで、あるアメリカ人の青年が、自分のこれまでの業績について語りだしたときも、とても居心地の悪い思いをした。彼が長々と早口で業績をまくし立てるのを、ぼくはぼんやり聞いていたのだが、彼が自分は映画『ミクロキッズ』の製作に関わっていたと言ったのは、ぼくの耳にもしっかり聞こえた（どのように関わっていたかは、はっきりしない）。ぼくは、誰かが彼にみっともない自慢はよせと言ってくれるものと思った。あるいは、もっと的確に、『ミクロキッズ』に関わったなんて、むしろ隠しておくべきことで、誇らしげに吹聴するようなことではないと、たしなめてくれるかもしれないと期待した。しかし、次にぼくの耳に入ってきたのは、別のアメリカ人の声だった。「すごい！　ネットワーキングしない？」。このように、たいして社会的地位を持たない者同士がネットワーキングすることもある。そうすれば知り合いを共有でき、互いのネットワークを広げられるということらしい。ニューヨークへ来て、ぼくはネットワーキング・パーティーなるものが頻繁に開かれていると知った。新参者は、最初の数か月、そうしたパーティーに足しげく通って、ネットワーキングに努めるようだ。まず考えられないことだが、かりにぼくがそうしたパーティーに出かけたとしたら、ぼくは真っ先にまともな感覚の持ち主を探そうとすると思う。そして、手早く一、二杯酒をあおって、別のバーで飲み直そうと提案するのだ。しかし、アメリカ人は、ぼくができれば遠慮したいこうしたパーティーに、躍起になって出席しようとするのである。

JETプログラムでの滞在期間もそろそろ終わろうとする頃、『トーキョー・ジャーナル』という雑誌に、初めてぼくの書いた記事が載った。たいした発行部数ではないが、埼玉のJETプログラム参加者の間ではよく読まれていた雑誌である。記事が掲載されると、アメリカ人からネットワーキングの依頼が相次いだ。雑誌に記事を掲載してもらうには、どうすればよいかと、ぼくに聞いてくるのである。なかには、見習いとして無給で編集部で働いてもよいという申し出すらあった。ジャーナリズムは、多くの人が志望する人気分野だ。ぼくはその分野で、自分が小さいながらも第一歩を踏みだせたことを、心の中でうれしく思った。それも、編集長に取り入るという後ろ暗い方法ではなく、出版に値する記事を書くという真っ当なアプローチで、キャリアをスタートさせることができたのだから、うれしさもひとしおだった。

しかし、アメリカ人のやることはたいてい、最初のうちは不愉快に思われても、やがてはイギリス人も受け入れる。ネットワーキング、およびその根底にある出世第一という考え方は、もはやイギリスでもふつうになってきている。

ぼくは、自分でも驚くほど、いまだにアメリカの習慣に適応できないでいるのだが、そのもっとも顕著な例が、うまくネットワーキングができないことである。ニューヨークで、いちばん有名なイギリス人ジャーナリストと言えば、間違いなくティナ・ブラウンだ。いや、国籍に関係なく、彼女ほど影響力のあるジャーナリストは、世界中を探してもそういるものではない。彼女は、格式ある雑誌『ヴァニティ・フェア』の編集長として大きな成功を収め、一九九二年には『ニューヨーカー』誌へと移って、さらに有名になった。『ニューヨーカー』はアメリカでもっとも名のとおった週刊誌であり、オリジナリティーあふれる魅力的な雑誌として評判が高いだけに、ブラウンの編集長就任は当時、大いに議論を呼んだものだ。いまや、彼女はすっかりメディア界の有名人、押しも押されもせぬ大物である。そのうえ、夫がハロルド・エヴァンズ卿ときている。もうかなりの年齢だが、これまで『サンデー・タイムズ』紙の編集主幹、その後、ランダムハウス社の会長と、活字メディアの要職をふたつも経験してきた人物だ。なのに、ぼくは、夫妻のニューヨークの豪華マンションで催されるパーティーに出席する機会をみすみす、ふいにしてしまったのである。

どうやら、ティナ・ブラウンは、オックスフォード大学でぼくと同じカレッジにいたらしい（もちろん、ぼくよりも何年も前のことである）。同じ大学の卒業生であるというだけでは、人づき合いのうえでたいした意味はないが、オックスフォード大学の個々のカレッジは小さい。毎年、入ってくる学生は、だいたい一〇〇名前後だろう。なので、同じカレッジで学んだということは、強い結びつきの感覚を生むのである。ただ、いかにもぼくらしいと言えばそれまでだが、ぼくは以前からティナ・ブラウンの活躍は耳にしていたものの、彼女がぼくと同じセント・アンズ・カレッジの卒業生だとは、ニューヨークで彼女からパーティーの招待状をもらうまで知らなかった。二〇〇八年、ティナ・ブラウンが先頭に立って、ニューヨーク在住の卒業生のためにセント・アンズ・カレッジ同窓会を開いてくれたのである。招待客を限定した三、四〇名のパーティーだから、いろいろな人と落ち着いて話をすることができたろう。だが、ぼくは出席できなかった。ビザの更新のために、いったんアメリカから出国する予定を、うっかりしていて、ちょうどその時期に入れてしまっていたのである。

また、ぼくは最近（正確に言えば、この文章を書いている前日）、ニューヨーク在住の有名なイギリス人作家ゾーイ・ヘラーも、セント・アンズ・カレッジの卒業生だと知った。しかも彼女は、ぼくが七年間記事を書いていた『デイリー・テレグラフ』紙にも寄稿していたことがある。これだけの縁があれば、アメリカの感覚では、彼女のオフィスに直接出向いて行って自己紹介をしても、やりすぎとは思われまい。ヘラーが『テレグラフ』で担当していたコラムは、まさに完璧だった。彼女の日常生活の小さな出来事を題材にしたエッセイで、とても読みやすい（いや、読みだしたら止まらない）。ニューヨークで新聞配達をしている少年たちとの出会い、タクシーに乗ったときの経験など、どれも読者の記憶に長く残っている。なかでも、（悪）名高いのは、彼女が初めてブラジリアン・ワックス脱毛を受けたときの様子をつづったものだ。ブラジリアン・ワックス脱毛とは、ムダ毛を毛根から除去する施術で、これを受ければ女性は夏、安心してビキニを着けられる。イギリスではほとんど知られていないが、ニューヨークでは一般的だ。その後、ヘラーはもっとシリアスなものを書き始めて、彼女の小説『あるスキャンダルについての覚え書き』は、たいへんな成功作となった。すでに何か国語にも翻訳され、ジュディ・デンチとケイト・ブランシェット主演で映画化もされている。

こうして、ぼくは、ひとりのみならず、ふたりの、いまもっとも成功しているジャーナリストとネットワーキングすることに失敗したのである。オスカー・ワイルドの喜劇『真面目が肝心』の中の有名な台詞が頭をよぎる。「親をひとりなくすのは不運かもしれない。しかし、ふたりなくすのは不注意である」。

しかし、それでよかったのだと思う。ごくまれに、ぼくは自分の将来を変えてくれるかもしれない有力者と同席することがあるが、そんなときはたいてい、悪い印象を与えてしまうようだからだ。うまく人づき合いをしてゆくために、身につけておくべきテクニックはいろいろある。実際、アメリカ人は努力して、そうしたテクニックを習得しているらしい。出版史上、おそらく聖書の次によく売れている本が、デール・カーネギーの『友人を獲得し、人に影響を与える方法』(邦題:『人を動かす』)であるのは、決して偶然ではあるまい。それによれば、まず人の名前を覚えることが重要なのだそうだ。そして、自分が相手のことを覚えていると示すために、会話の中で相手の名を何度も口にするとよいらしい。たしかに、ぼくは、ほとんど見覚えのない人から「コリン」と呼びかけられて、アメリカ人の名前を覚える能力にたじろぐことがよくある。また、相手の目を見て話を聞き、ときどき、うなずいて話に関心を持っていることを示すのが、礼儀だともわかっている。ただ、それをテクニックとしてやるのは、あまりにわざとらしいと、ぼくは思ってしまうが。

会話のテクニックを身につけていないぼくは概して、むっつりと黙り込んで、ひたすら酒をあおることになってしまう。そして、たまに口を開いたかと思えば、とんでもなく不適切なことを口走ってしまうのだ。かりに、ティナ・ブラウンやゾーイ・ヘラーと首尾よくネットワーキングできたとしよう。きっと、ぼくはブラウンには「二三歳も年上の男と結婚しているというのはどんな気分ですか」と尋ね、ヘラーには「脱毛したときのことをもっとくわしく教えてください」と頼むような気がしてならない。

イギリスを代表する立場でもないぼくが、国連の代表者のように振舞ってみた。

ニューヨークのデザイン

ニューヨークの街を歩いていると、いろいろな図柄が目に飛び込んでくる。壁を補強する金具や遊園地の遊具にも、なぜか心動かされる。もしかするとキース・ヘリングにインスピレーションを与えたのではないかと思われる模様を、古いビルの一角で発見した。

13

アメリカ人の発明

長靴、パレード、ニックネーム

アメリカ人は、ろくでもないものを世に送り出すことで有名だ。ファスト・フード、ミッキー・マウス、ハリウッド映画、チューインガム、ホットドッグ、ブリトニー・スピアーズ……。こうした品々は、ウィルスのように国境を越えて広まって、その国の知的・文化的水準を下げる。しかも、嘆かわしいことに、世界の圧倒的多数の人びとは、こうした事態を喜んで迎え入れている——これぐらいのことは、もう一〇代の頃からわかっていて、ぼくはとっくの昔にアメリカの影響力にたてつくのをやめてしまった。そんなことをしたって、中世イングランドのカヌート王の二の舞を演じることになるだけだろう。カヌート王は波打ち際に玉座を置き、満ちてくる潮に向かって引き返せと命じ

た。もちろん、潮が引き返すわけがない。

むしろ、正気を保つためには、アメリカ文化の功績に目を向けた方がいいだろう。たしかに、現在われわれはアメリカナイズされた世界に生きているが、アメリカ文化をその最悪の輸出品をもって判断してはならない。アーノルド・シュワルツェネッガー主演の映画ばかりがアメリカ文化ではない。アメリカには、豊かな演劇の伝統があるし、オーケストラも素晴らしい。優れた作家をいく人も輩出している。ニューヨークで催されたクルト・ヴァイル生誕百周年記念コンサートでは、少年少女が見事にヴァイルのソングを歌っていた。また、ぼくが何年も前、『パレストリーナ』という風変わりで魅力的なオペラを見たのも、ここニューヨークにおいてだった。このオペラの作者ハンス・プフィッツナーは評価の難しい作曲家だが、その日、『ニューヨーク・タイムズ』には彼についての刺激に富んだ議論が掲載されていたのを覚えている。いまでも、ぼくはこのオペラの壮麗な序曲をiPodで聞いている。

また、食文化について言えば、たしかにマクドナルドの画一化されたメニューを、何百万もの人びとが食べてはいる。しかし、ニューヨークでは実に多種多様な食品が、店やレストランにあふれてもいるのである。思いつくままに例を挙げれば、ホムス（中東ふうの豆のペースト）が一〇種類以上も店で売られているのにはびっくりさせられるし、売り場に並んでいるオリーヴの種類も驚くほど豊富だ。

さらに、こちらに来るまで気づかなかったアメリカ人の発明品や改良品もある。概して、こまごました物であることが多く、あえて賛辞を記す人もあまりいないのだが、こうした品々のおかげで、アメリカは住んでいて面白い国になっているのである。

手始めにウェリントン・ブーツ（長靴）を取り上げよう。これはもちろん、イギリスにもある靴だし、そもそもイギリスの軍人、初代ウェリントン公爵にちなんで名づけられたものだ。彼は、ベルギーやオランダのぬかるんだ野原を踏破した経験から、水を通さないブーツの必要性を痛感していた。歴史書によると、彼は靴職人に自分の希望を伝え、指示どおりの靴を作らせたという。そして、一八一五年、彼の率いるイギリス軍がワーテルローでナポレオン相手に見事な勝利を収めた後、イギリスの貴族がこぞって、英雄ウェリントンと同じタイプのブーツを欲しがったことは言うまでもあるまい。

それから四〇年後、ウェリントン・ブーツには、アメリカ人の手で決定的な改良が加えられた。革ではなく、ゴムで作られるようになったのである。しかし、これだけでは、ウェリントン・ブーツをアメリカのものと見なすには不十分だ。重要なのは、現代のアメリカでは、ウェリントン・ブーツはイギリスとはまったくちがった購買層にアピールするよう作られていることである。イギリスでは、ワーテルローの戦勝後のごく短い流行期を除けば、ウェリントン・ブーツはあくまでも実用本位の靴であった。この靴を履くのは、水たまりで飛び跳ねるのが好きな子どもたちか、泥でぬかるんだ道を歩かねばならない田舎に住む人びとにかぎられている。雨の多い秋や冬に用いられ、色はたいてい緑か黒だ。

アメリカでは、事情はまったく逆だ。都会に住む流行に敏感な若い女性が、オフィスへの行き来にウェリントン・ブーツを履いている（デートのときにも履く人もいる）。この靴を目にするのはもっぱら夏だし、目を奪うような明るい色合いや柄のものが多い。派手なウェリントン・ブーツなんて、イギリス人のぼくには、まるでまっすぐなバナナやピンクの象を見るようなものだ。

もちろん、たんにファッションとしてではなく、ウェリントン・ブーツは基本的には実用的な見地から使われている。ニューヨークでは、夏、突発的な冠水に見舞われることが珍しくない。世界の他の近代的な都市とはちがって、ニューヨークの下水設備はかなり旧式で、しばしば機能不全に陥るからである。雨水は最初、道路わきの排水溝へと流れ込むのだが、そのうち逆にあふれ出てきて、道路に池のような水たまりを作る（突然の豪雨による降水を吸収してくれる緑地が、ニューヨークには不足しているのも要因のひとつだろう）。そこで、ウェリントン・ブーツのように丈夫で信頼でき、かつ若い女性も履けるような地味すぎない靴が必要となってくるわけである。雨の日に、花柄などをあしらった明るい色彩の華麗なブーツを眺めていると、気分が華やぐ。ウェリントン公爵が生きていたら、きっと目を丸くするにちがいないだろうが。

『セックス・アンド・ザ・シティ』に登場する女性たちは、靴に目がないことで有名だ。彼女たちにならって、読者のみなさんも、ぼくがもう少し靴の話を続けるのを許していただきたい。今度は男物の靴である。アメリカでは、ぼくがよそでは見かけたことのないような種類の靴が売られている。その呼び名をここに書ければよいのだが、どうやらまだ決まった名前はないようだ。フォーマルな革靴のような見かけだが、足にフィットする感覚や歩き心地はスニーカーに近い。黒や茶色といった落ち着いた色調で、靴底はゴム製。ファッショナブルな尖ったつま先に足を無理やり押し込むというデザインではなく、むしろ靴の方が足に合わせてきてくれて気持ちがいい。しかし、十分お洒落で、オフィスにも、街に遊びに出かけるときにも履いていける。

まさにこんな靴を、ぼくはずっと心のどこかで待ち望んでいたのだと思う。ぼくは毎日（取材がなく、オフィスの中で働く日でも）かなりの距離を歩くので、ふつうの革靴だと足が疲れてしまう。よく歩くせいで、だいたい三か月もすれば靴の踵を履きつぶしてしまうものだから、あまり高価な革靴は買わないようにしているくらいだ。しかし、ぼくはスニーカーにはちょっとしたトラウマがあって、なにかスポーツをするとき以外にはどうしても履く気になれない。一九八八年、まだ着こなしのイロハも知らないティーン・エイジャーだったぼくは、ファッション史上に残るような、みっともない大失敗をやらかしてしまったのである。ぼくは、大事な面接試験のために、わざわざ洒落たジャケットとネクタイを買った。しかし、遠くまで面接を受けに行くのだから、足元には新品の革靴よりも、履き古したスニーカーをコーディネートした方がいいだろうと判断したのである。ともあれ、このアメリカ製「革靴ふうスニーカー」のおかげで、ぼくの靴に関する難題は解決した。ぼくは、最近これ以外の靴は、ほとんど履いていない。

ここで急に話題が変わるのを許していただきたい。ぼくは、アメリカならではのものの中では、ニューヨーク市の紙テープパレード（ticker-tape parade）がいたく気に入っている。二〇〇七年にニューヨーク・ジャイアンツがスーパーボウルを制したときの祝勝パレードにしか行ったことがないが、そのときはパレードを最初から最後まで見物して、その魅力を十分に堪能した。ちょっと、ほかでは味わえない経験だと思う。まず、場所の選定がうまい。パレードはブロードウェイの端、マンハッタン島の最南端から始まる。このあたりは、通りの幅がぐっと狭まり、両側のオフィスビルがどれも高々とそびえているところだ。何百もの窓から、空いっぱいの紙吹雪が舞い落ちてくる情景を作り出すのに、これ以上、適した場所はない。ちなみに、ブロードウェイのこの界隈には、「英雄たちの谷」（Canyon of Heroes）という実に適切な愛称がついている。

最高潮に達したときのパレードの様子は、筆舌に尽くしがたい。だが、ここでパレードをつつがなく執り行なうのに、どれだけの準備が必要か、しばし考えてみることにしよう。そうすれば、このパレードの素晴らしさが、ますますはっきりと見えてくるはずだ。そもそもパレードを催すにあたって、祝賀の対象となる出来事およびヒーローたちが必要なのは言うまでもないが、そうしたヒーローたちを沿道から祝福する多数の市民が必要なのも忘れてはいけない。また、直前にあわてて連絡しても（たいてい、二日ほど前だろう）、快くパレードの列に加わってくれるマーチング・バンドの人たちも必要だ。彼らがいなければ、パレードの列はわずか数秒ほどで目の前を通り過ぎてしまう。あと、大通りに面した会社の積極的な協力がなければ、このパレードの意味がない。紙テープなしの紙テープパレードは、ただのパレードだ。

『ニューヨーク・タイムズ』紙によれば、このニューヨーク・ジャイアンツの祝勝パレードは、ニューヨーク市史上、一六五回目の紙テープパレードだったそうだ。最初の紙テープパレードは、一八八六年にフランスから自由の女神像が贈られたのを記念して挙行されている。つまり、紙テープパレードは前例に事欠きこそしないものの、そう頻繁に行なわれているものでもない。三回も四回も紙テープパレードに出かけたことのある人は少数派だろう。実際、ぼくが見た紙テープパレードは、八年ぶりだったと聞く。にもかかわらず、ジャイアンツが勝利を収めてから三六時間後には、パレードの準備がすべて整っていたのである。

紙吹雪にするチッカーテープは、昔はどの会社でも簡単に用意できたらしい。このあたりは金融街なので、重要な情報はチッカーを通して受信され、テープに印字されていたからである。しかし、今日ではもはやチッカーは博物館でしか見かけなくなった。各会社は、紙吹雪を降らせるために、前もって大量の紙を細かく切り刻んでおかねばならなくなったのである。聞くところによると、ニューヨーク市がそれぞれの会社に、細かく切った新聞紙を配布しているらしい。それでも「ちぎった新聞紙パレード」などと改称せず、「紙テープパレード」という古く上品な呼び名を守っているのを、ぼくは個人的には歓迎したい。

また、窓から紙吹雪を降らせる人には、相当の辛抱強さが要求される。誰だってきっと、最初の一〇分で紙を全部、撒ききってしまいたいという誘惑に駆られるのではないだろうか。しかし、パレードが一時間以上続くよう、慎重にペース配分をする必要がある。それに、紙吹雪が風に舞いながら、ゆっくりと落ちるよう、よく新聞紙を手でほぐしておかねばならない。新聞紙の入った袋を窓から突き出して、そのままひっくり返すだけでは、きっと紙は大きな固まりのまま、真っ逆さまに落ちてゆくことだろう。パレードの参列者の頭を直撃でもしたら、まるでお笑い芸人がかつらをかぶっているようにでも見えかねない。

沿道の観衆を整理する警官も必要だ。この準備が意外とたいへんなのは、実際にどれくらいの人びとがパレードの見物にやって来るかを事前に予測するのがなかなか難しいからだ。宇宙飛行士のパレードの方が、ローマ教皇のパレードよりも人出が多いだろうか。スーパーボウルの勝利と、ヤンキースのワールド・シリーズ優勝とでは、ニューヨークカーはどちらをより重要視するだろう？　それにもし、ヤンキースがメッツを撃破して優勝したとしたら？

しかし、警官よりも重要なのは掃除をする人たちだ。紙テープパレードには、たくさんの清掃作業員が必要である。観衆の中には、パレード中の通りを道路清掃車が行き来するたび、歓声を上げる人たちもいるが、彼らの作業はほんとうに賞賛に値する。実に見事な仕事ぶりだ。子を持つ親なら誰でも知っているように、散らかすのは簡単だが、たいへんなのは後片付けなのである。清掃作業の段取りも手際がいい。まず、掃除機のようなかたちをした強力な送風機を背負った一〇〇人以上の清掃作業員が、散乱した紙片を大通りの上に吹き集める。それを何十台もの道路清掃車が、片っ端から吸い上げてゆくのである。

だが、こうした清掃作業員たちの努力をもってしても、舞い散った紙吹雪をすべて回収するのは不可能だ。風に乗って、ロウワー・マンハッタン全域に流れてゆく紙片も数多い。店やカフェの中に入ってくるものもあれば、うまく服の隙間に潜り込むものもある。ぼくのアパートは、パレードが催された場所から一〇キロ近く離れているのだが、パレードから数日経ったある日、ぼくは自分の部屋に紙吹雪の紙片が落ちているのに気がついた。

また急に話が飛ぶが、ぼくは、アメリカ人がそれぞれの州に愛称をつけているのも面白いと思っている。簡単に愛称が決まる州もあるだろう――たとえば、太陽の州フロリダという具合に。しかし、ずいぶん頭を悩まさねばならない州もあるにちがいない。だから、ぼくはどの州にもなんらかの愛称がついているのに感心している。いったいウィスコンシン州は、なにが売りなのだろう？（正解は「アナグマ州」）。アラバマ州のように、公式の愛称を持たない州もあるが、たいてい、そうした州にはありあまるほどの非公式の愛称が存在している。もちろん、公式の愛称のほかに、いくつか非公式の愛称があるという州も多い。

アーカンソー州の愛称は、"Natural State"だ。これを聞いて、ほんの少し違和感を覚えてしまうのは、ある人が裸であることを遠回しに言うときに、よく「生まれたままの状態だ」(in one's natural state)という表現を使うためだろう。たぶん、アーカンソー州の愛称は、これとは別の意味だと思うが。

ぼくが気に入っているのは、ミズーリ州の愛称、「証拠を見せてくれ州」(Show-Me State)だ。常識をわきまえた人びとが住む州という印象を受ける。この州の住民は、うまい口車に乗せられて不必要な品物を買ったり、馬鹿げたカルト教団に入信したりしなさそうだ。実際、この州の愛称は、われわれジャーナリストにとっても、よい標語になると思う。われわれのところにはしょっちゅう、いわゆる「関係者」が眉唾ものの情報を売り込みに来る。面白い情報だと、ついそのまま記事にしてしまいがちなのだが、そんなときこそ、われわれは情報提供者にこう言うべきなのだ。「証拠を見せてくれ」。

州全体をうまく言い表す愛称を考えだすのは、けっこう難しい。試しに、読者のみなさんも、自分の生まれた都道府県の愛称を作ってみればいい。ぼくは、すっかり頭を抱え込むことになってしまった。地理的な特徴を生かすとすれば、ぼくの生まれ故郷のエセックス州は、さしずめ「平らな州」となるだろう。代表的な動物にちなんだ愛称をつけるなら、「しつけの悪いロットワイラー(番犬の一種)州」だ。

あるいは、ミズーリ州のように住民の生活態度を愛称に盛り込むなら、エセックス州は「なに見てやがんだ州」になると思う。実はアメリカにも、愛称ではないが、これに似た標語を持つ州がある。テキサス州の“Don't Mess with Texas”がそれだ。「テキサスの人間にはちょっかいを出すな」という意味にも取れるこの物騒なフレーズからは、ほとんどよそ者嫌いと言ってよいほど独立心が強く、保守的な住民のイメージが浮かんでくる。クルマやTシャツにこの標語が書かれているのを目にしたときには、ぼくはなるべく、その人と目を合わさないようにしていた。ぼくがイギリス人だとわかると、きっと引きとめられて長話につき合わされることになると思ったからだ。郷土の英雄ジョージ・ブッシュのことを、イギリスのメディアが悪く言うのはけしからんと、ひとしきり述べた後、話は地球温暖化にまでおよぶだろう。「あんなの、国連やリベラルの連中のでっち上げだよ。ヤツら、オレたちから、毎日バーベキューをする天与の権利を取り上げようとしてやがるんだ」。

しばらくして、ぼくは自分がとんでもない思いちがいをしていたことに気づいた。テキサス州の標語はもともと、一九八六年にゴミのポイ捨て反対キャンペーンの一環として考案されたもので、その意味するところは「テキサスを散らかさないで」(Don't make Texas messy.)ということだったのだ。

愛称のほかにも、公式、非公式を問わず、それぞれの州にちなんだものはいろいろとある。たとえば、州の歌と言えば、ルイジアナ州の『ユー・アー・マイ・サンシャイン』が有名だ。この歌の作曲者は、ルイジアナの州知事にもなっている。また、たいていの州には州の動物がいる（ただ、一二もの州がオジロジカを選んでいるのは、想像力の欠如以外のなにものでもないと思う）。よっぽどの物好きでもないかぎり、こうしたものを全部知ろうとは思わないだろうが、調べているうちに、ひとつぼくには新鮮な発見があったので、ここに記しておきたい。ニューメキシコ州の州の鳥は、ミチバシリ（roadrunner）なのである。これのどこがぼくにとって驚きだったかと言うと、ぼくはそれまでずっと、ミチバシリという鳥をアニメのキャラクターだと思い込んでいたのだ。マンガの中のミチバシリは、いたずらを思いつくのが上手で、悪さをした後、「ミーミー」と小憎らしい鳴き声を上げて逃げてゆく。ぼくは子どもの頃、そんなミチバシリがけっこう好きだったのだが、この鳥がスズメなどと同様、実在する鳥だったなんて！　東京でも、似たような笑える勘ちがいをしていたのを思い出す。ぼくは、タヌキのことを、大酒を食らうのが大好きな想像上の動物だと思い込み、日本にやって来る友人たちにも、しばらくそのように説明していたのであった。

☆☆☆☆☆☆☆☆☆☆☆☆☆☆☆☆☆☆☆☆☆☆☆☆☆☆☆☆☆☆

ななめから見たアメリカの歴史⑤

マーティン・ルーサー・キングの夢

ワシントンDCにあるリンカーン記念館の正面階段に腰掛けて、マーティン・ルーサー・キング牧師の演説「わたしには夢がある」を読んでいると、自然と胸が高鳴ってくる（演説の録音を聞ければ、なおいっそう効果的だ）。並外れて威厳に満ちた素晴らしい演説だと思う。現行の社会の不正義をきびしく批判しつつも、よりよい未来への希望が高らかに謳われている。その語り口には格調があり、用いられているレトリックもきわめて巧みだ。あえて同じフレーズを何度もくり返して印象を強めているほか、文字どおりその威光を背にしているリンカーン元大統領への言及も忘れてはいない。黒人霊歌の言葉の引用も、聞く者の耳に強い印象を残す。

キング牧師がこの演説を行なった一九六三年、リンカーン大統領の奴隷解放宣言からちょうど一〇〇年が経っていた。一八六一年に始まる南北戦争の引き金となったのは、奴隷制度の存廃をめぐる南北諸州の対立である。つまり、この戦争は本質

☆☆

的には、人間が他の人間を自己の所有物とするなんて許されることなのか、「すべての人間は平等につくられている」という独立宣言の中の文言はいかに解釈すべきなのかを問うものだったのである。

あらためて言うまでもなく、南北戦争は、奴隷制廃止を掲げる北軍の勝利に終わった。しかし、一九六三年においてもなお、キング牧師をはじめとする公民権運動の担い手たちが、誰もがみな平等に権利を持っていると訴えて回らねばならなかったことは忘れてはならない。南北戦争後も、南部の州では、黒人の権利が著しく切り縮められたままの状態が続いた。黒人の政治参加は妨げられ、教育やビジネスの機会も十分に確保されなかった。おまけに、悪名高いクー・クラックス・クランなど、「自警団」を気取る白人組織の悪質な脅迫にも曝《さら》されることとなったのである。一九一六年から一九七〇年の間に、およそ六〇〇万もの南部に住む黒人が、北部や西部の都市部へと移り住んだという。俗に「大移動」(Great Migration)と呼ばれる移住である。

今日、キング牧師は、公民権運動の伝説的指導者として、ひろくアメリカ中で敬愛されている。一九六八年の彼の暗殺は、この国の歴史の暗部の中でも、ひときわ不名誉な汚点として記憶されているし、彼の功績を讃えて、毎年一月の第三月曜日は「キング牧師デイ」という合衆国全体の祝日となっている。

しかし、死後もこれほど高い名声がありながら、キング牧師が演説に込めた「夢」が、いまだに成就されていないのは、奇妙としか言うほかない。彼の夢の実現を妨げている要因のひとつとして、今日でも、南北戦争では勝つべき側が勝たなかったと考えている人たちがいることが挙げられよう。もちろん、彼らもさすがに奴隷制賛成の諸州が勝つべきだったなどとは言いはしない。代わりに、彼らは、南北戦争は州の自治権をめぐる戦争だったと主張する。つまり、連邦政府の意向には関係なく、南部の各州は奴隷を所有し続ける権利があったと言うのである。また、南部連合の旗を見て不愉快に思う人が大勢いるのはよく知られたことなのに、あえてこの旗にこだわる人も少なくない。彼らによれば、南部連合の旗を掲げるのは伝統に則った行為なのだそうだ。

さらに言えば、現在の白人と黒人の境遇のちがいを見てみるといい。両者の間に、富と機会の不均衡がはっきり存在することは一目瞭然だ。こうした格差の原因については、さまざまな議論があって単純には片付けられないだろうが、格差があること自体については議論の余地はあるまい。キング牧師は、演説の中で、黒人と白人の子どもがいっしょに遊べる社会という夢を語った。しかし、アメリカに住んでいる者なら誰でも、各人種の間に根強い相互不信があることは知っていよう。また、地図を広げて、あそこやここは黒人が多い地区と指し示すことぐらい、誰だって簡単にできるはずだ。概して、白人はそうした黒人の多い地区に住みたがらない。一方、興味深いことに、黒人も白人が自分たちの地区に移ってくるのを好まない。文化が変わり、家賃も高くなって、白人に地区が乗っ取られてしまうのを恐れるからだ。たとえば、いまハーレムでは中産階級の白人向けに街を再開発しようとする動きがあるが、地元の住民からは強い反対の声が上がっている。

キング牧師の演説から、ほぼ五〇年が経とうとしている。アメリカの黒人は、公民権は手に入れたし、黒人初の大統領も誕生した。しかし、人種間の完全な平等と統合には、この国はまだ到達していないようである。

ニューヨークの風景

ニューヨークで、ぼくはいつも、ほかの人なら見過ごすようなものを探している。しかし、ときにはふつうに観光名所をめぐることも忘れない。（左上から時計回りに）自由の女神、マンハッタン・スカイライン、ウールワース・ビル、エンパイア・ステート・ビル。

14

ちょっとした違和感

アメリカ社会のおかしなところ

できれば、この章は読まないでほしい。これまで、ぼくに好印象を抱いてくれていたとしても、読後、その印象を持ち続けるのは難しいだろう。こんな愚痴を、本に書きつけるべきではないとはわかっている。実際、ぼくは心の中でいつも、このように考えているわけでは決してない。ただ、ときにアメリカに、心底イライラさせられることがあるのである。

安易な一般化は慎むべきだ。それも十分、承知している。ぼくの不満の中には、フェアではないものもあるだろう。この国の悪いところばかりに目がいって、多くの素晴らしい点を見過ごしているのだと思う。結局、この章を読んだ方の印象に残るのは、アメリカという国のひどい欠点よりも、むしろぼくの生まれついての気難しさの方かもしれない。しかし、それでもやはり、ひとこと言わずにはいられないのだ。

すっかりぼくの口癖になっているぼやきから始めさせてもらえば、かりにこの世にチューインガムがなかったとしたって、いったい、どんな不都合があるだろう？　一五〇年前の人びとは街を歩きながら、絶えず口を動かして、くちゃくちゃ物を嚙めないからといって、なにか物足りない思いをしていただろうか。チューインガムを商品化したニューヨーカー、トマス・アダムズには責任を取ってもらいたい。彼こそ、チューインガムを最初に大量生産し、特許を取り（一八七一年）、自動販売機で売りだした人である。しかも、彼はニューヨークの地下鉄の駅に自動販売機を設置した。まるで、ガムを嚙むのに打ってつけの場所は、狭苦しい公共空間ですと言わんばかりではないか。また、ガムをわざと口の中で破裂させるような音を立てて嚙む、はた迷惑な人たちがいるが、これについても責任の一端はアダムズにある。彼は、自分が開発した商品に「パチパチ音を立てて伸びるガム」（snapping and stretching gum）と名づけたのだ。だからと言って、商品名どおりの嚙み方をする必要もないのだが。

名前のつけ方に関しても、アメリカ人はどこかおかしい。ひろく苗字として通っている名を、ファースト・ネーム（個人名）にしている人が相当いるのである。タウンゼント、チャンドラー、バークレーといったファースト・ネームの人と会うと、ぼくは違和感を禁じえない（スズキ・コバヤシとか、サトウ・タナカといった人を想像してほしい）。また、名前の最後に「ジュニア」（Jr）という呼称をつけるのもどうかと思う。四〇歳を過ぎてもなお、周囲から「ジュニア」と呼ばれている人も大勢いるが、きまり悪さを感じたりしないのだろうか。

もっと奇妙なのは、名前の最後にローマ数字をつけている人である。これは、ぼくの感覚では、「女王エリザベスⅡ世」のようにもっぱら王族にかぎられた習慣だ。民主主義を標榜するアメリカ社会で、自分があたかも名高い家系に連なる者であるかのように示そうとするのは理解しがたい。なかでも、ぼくの印象に残っているのは、一八歳のときに旅行先で出会ったアート・オースティン・レックⅣ世という人である。きっと、彼の家には、階段の踊り場かどこかに、初代から三代にわたるアート・オースティンの肖像画が掲げられているにちがいない。

「ここに駐車しようなんて考えるな」（Don't even think of parking here.）。アメリカ各地で見かける標識である。しかし、このような言い方をする必要があるのだろうか。

「駐車はご遠慮願います」で十分なように思うのだが。

また、ニューヨークのレストランのトイレには、「従業員は、仕事に戻る前に必ず手を洗うこと」という掲示が出ている。こんなこと、わざわざ言わねばならないのだろうか。同じく言わずもがなのこととして、ぼくはテキサスのバーで次のような注意書きを見かけたことがある。「酒類が供される場所に銃を持ち込むのは違法です」。もちろん、こちらの方がはるかに怖い。

オフィスのトイレのデザインも、奇妙で使いにくい。個室のドアの上端が低すぎ、逆に下は床からあまりに大きく離れているのである。つまり、膝から肩のところまで以外は、外から丸見えということだ。立っていると顔が見えるし、便座に腰掛けていると、足首あたりまで下ろした下着が見えてしまう。知りたくもないのに、靴を見れば、中で用を足している同僚が誰だか、簡単にわかってしまうこともある。

　また、個室の床に読み終わった新聞や雑誌を置いていく人も多い。その気になれば、用を足している最中に、床に落ちている新聞を拾って読むこともできる。周囲から聞こえるカサカサという音から判断すると、実際、かなりの数のアメリカ人が床から新聞を拾って読んでいるようだ。尾籠な話が続いて、たいへん申し訳ない。


　アメリカ人は、イギリスのおかしな階級制度に対して非難がましい目を向ける。だが、彼らは、自国の階級制度がいかに強固なものであるかについてはまったく盲目だ。アメリカ人はつねに、余分なお金を払ってでも、自分より階層が下の人びとと交わらないで済むようにしようとする。富裕層は、ゲーティッド・コミュニティ（ゲートとフェンスに守られた住宅街）や地価の高い郊外、あるいはガードマン付きの高級マンションに住み、自分と同等の社会的地位の人とエクササイズを楽しむため、一流スポーツジムの会員になる。これぐらいのことは、アメリカに住めば、すぐに気づくことだ。

　しかし、階層によって、出かけるビーチまでちがうとまでは思わなかった。イギリス人のぼくにとって、ビーチとは階級差がなくなる場所である。どんな個人も所有できない海のそばに、さまざまな出自の人が集まり、貴重な公共の場所を楽しむ——ビーチとは、そういうところだと思っていた。ところが、アメリカでは、夏、どのビーチに出かけるかで、その人の社会的地位がはっきりとわかるのである。

たとえば、コニーアイランドに出かける人の大部分は、黒人やラテンアメリカ系の人びと、および白人でも貧しい階層に属する移民である。これは、コニーアイランドが、そうした人たちの住む地域に近く、地下鉄に乗れば二ドルほどの料金でやって来られる場所だからだろう。一方、ロングアイランドのロングビーチへ行くと、はるかに白人、それも中産階級の白人の割合が多くなる。このビーチは、マンハッタンからだと電車で七ドルかかり、しかもビーチに入場するのに六ドル支払わねばならない(ビーチが有料ということに、ぼくは心底、腹が立った)。

しかし、ほんとうに社会的地位の高い人は、ハンプトンズへと出かける。ハンプトンズとは、ニューヨークから一〇〇マイル(約一六〇キロメートル)ほど北西へ行ったところにある一連の高級沿岸保養地の総称である。これだけ物理的に距離が離れていると、貧しい人はそう簡単に足を運ぶことすらできない。宿泊費は高く、公共交通の便もかぎられているうえ、路上駐車は禁止されているし、ビーチにテントを張ってキャンプすることも許されていない。つまり、人がわざわざハンプトンズにまで出かけるのは、たんに保養が目的ではないのである。彼らが求めているのは、自分と同等の階層の人たちと、のんびり時間を過ごし、他の社会的影響力のある人と有意義な交際をすることなのだ。ハンプトンズに別荘を持っているというのは、半端でない資産家の証明である。

すべての人間が平等なのは火を見るより明らかだなどと、口ではもっともらしいことを言っているが、ニューヨークの富裕層にはおそろしく鼻持ちならないところがある。彼らは、ぼくがコニーアイランドに行ってきたなどと言おうものなら、文字どおり顔をしかめる。貧しい人たちと同じ学校に通いたがらないことは前から知っていたが、彼らは貧乏人とは同じ水にだって浸かりたくないのだろう。イギリスの上流階級やお金持ちの間には少なくとも、自分の恵まれた境遇をどこか後ろめたく思う意識が強くある。自分より倹《つま》しい生活をしている人を冷笑するなんて、イギリスではもっとも軽蔑される振舞いだ。

あまり愉快なことではないが、ニューヨークでは社会的地位をきびしく詮索されて、それによって自分の立場が決まってくる。もちろん、初対面の人から職業を尋ねられるのは、どこの国でも珍しいことではない。しかし、その答えが、ニューヨーク以上に重要視される街はないだろう。ある種の職業、たとえばヘッジファンド・マネージャーや有名レストランの料理長などと答えれば、たちまち周囲から熱い視線を送られる。逆に、その名を口にすれば相手にしてもらえなくなる職業もある（総じて肉体労働はそうだろう）。ニューヨークに来てすぐ、ぼくは友人から「フリーランスのジャーナリストです」とか、「いま本を執筆中です」などとは絶対に言わないよう注意された。どうやら、こうした答えは、失業中の人が社交の場で体裁を取り繕うために口にする常套句らしい。そこで、ぼくは急遽、もっともらしいウソを考えださねばならなくなったのだが、ほかに自分がやっていそうな仕事など、まったく頭に浮かんでこない。しかたなく、「とくになにもしていません」と答えることにした。正直に、フリーランスのジャーナリストと答えても同じように受け取られるのだから、それでいいと思ったのである。すると、ぼくのことを、まるで映画『アバウト・ア・ボーイ』でヒュー・グラントが演じていたキャラクターかなにかのように、たいへんなお金持ちで、べつに仕事をする必要がないのだと誤解する人が出てきたのには、苦笑いさせられた。

そのほかに奇妙なことと言えば、アメリカ人が完璧な肉体を病的なまでに追い求めようとすることである。歯列矯正に始まってボトックス注射にいたるまで、新しい美容整形の手術法がみな、たとえ他の国で考案されようとも、ここアメリカで改良が加えられ、完成の域にまで高められるのは、決して偶然ではない。アメリカへ来て、初めてスポーツジムを訪れたときに当惑させられるのは、男性が鏡の前で長々と自分の身体を見つめている光景である。身体をひねったり、回したりしながら、ナルシスティックに自分の広背筋や三頭筋に目をやっている。聞くところによると、筋肉を増大させる整形手術もあるそうだ。男性のふくらはぎにグレープフルーツ大のインプラントを埋め込んだりするらしい。

女性の胸を大きくする手術があるのは知っていたが、最近では、男性の胸を小さくする手術まで行なわれているとは知らなかった。ある日、ぼくはぞっとするような広告を見て驚いた。そこには、「左が月曜のマイケル、右が金曜のマイケルです」といった具合に、こうした胸の手術を受けたあわれな男性の術前と術後の写真が掲載されていたのである。成人後に、男性の乳房が大きくなるのは基本的には極度の肥満が原因だ。もうひとつよくあるケースは、ステロイド剤を服用しているボディビルダーで、彼らはそうした胸を「売女の乳」(bitch tits)という品のない名前で呼んでいる。ボディビルダーが、筋肉を大きくするために、身体に悪いステロイド剤をのむと、生理的な反応として身体は女性ホルモンの一種のエストロゲンを放出する。その結果、胸が大きくなり、手術もしくは他の薬物を用いて除去しなければならなくなるのである。

もちろん、美容のために、このような胸の除去手術を受ける男性など、ごくまれである。完璧な肉体を欲しがるアメリカ人の間で、もっと一般的な関心は、歯に対するこだわりだろう。きれいに並んだ真っ白な歯は、ニューヨークで魅力的に見られるための必須条件とさえ言ってよい。

ところが、アメリカ在住のイギリス人にとって、歯はあまりふれられたくない話題である。アメリカ人に、イギリス人の身体的特徴として思い浮かぶものをひとつ挙げてもらうとよい。おそらく、「歯が汚い」という答えが返ってくるだろう（さらに、「息が臭い」とつけ加える人もいるかもしれない）。人気コメディ番組の『ザ・シンプソンズ』では、『イギリス人の歯』という本を見せられた子どもたちが、怖くなって歯医者へ出かけるという話もあった。こうしたイギリス人のイメージは、まったく現実に根拠がないわけでもない。概して、われわれイギリス人は、歯については、アメリカの基準よりも二、三段、明度の低い白さでもかまわないと考えている。実は、ぼくはアメリカに来てから、嚙んでいるガムで自分の歯を隠して話をする方法の習得に取り組んでいるくらいだ。

あるアメリカ人の友人が、こうした歯へのこだわりについて説明してくれた。彼女によれば、歯は衛生観念と自己管理能力のバロメーターらしい。歯が汚い人は、生活習慣がだらしないにちがいなく、つき合う気になれないのだそうだ。ぼくはむしろ、歯は経済状態や階層を示すものだと思う(ちょうど、イギリスでは英語の話し方で階級がわかるのと同じだ)。お金に余裕のある人は、その他の点ではとくに容姿に恵まれていなくても、きれいな歯をしている。不ぞろいで汚い歯に生まれついていても、歯列矯正を受けたり、高価な被せものをしたりすることで、きれいに並んだ真っ白な歯にできるからだ。いまでは、自分の歯の周囲をすっぽりと覆う白いセラミックの型もあると聞く。

逆に、容姿にパッとしないところがあると、ほとんど犯罪の前科並み、いやそれ以上のハンディキャップを負うことになる。マーサ・スチュワートは、株のインサイダー取引で実刑判決を受けたが、服役後また、ライフスタイルの提案者として返り咲くことができた。面白いのは、彼女が出所してきたとき、「以前よりスリムになった」とコメントしているメディアがあったことだ。まるで、彼女は刑期を務めることではなく、スタイルをよくすることで、罪を償ったかのような言い方だ。『ニューズウィーク』誌の二〇〇五年のある号の表紙には、こう出ている。「最後に笑ったのはマーサ。服役後、よりスリムになり、より豊かになり、いよいよゴールデン・タイム進出へ」。そして、彼女の顔をファッション・モデルの身体の上に貼りつけた合成写真が使われていた。

このように、アメリカでは容姿にまつわるプレッシャーが、ことのほか強い。実際、ぼくまで、一〇代の頃以来、久しぶりに外見にこだわりを持つようになり、ごくわずかではあっても見栄えをよくしようと考えてしまったほどだ。ぼくは、白人の中でも際立って肌の色が白い。家系がアイルランド西部、地球上でもっとも晴れた日の少ない地方の出だからである。この地方の出身者にはよくあることだが、ぼくの肌はメラニン色素が乏しく、これは、褐色の肌がもてはやされる時代にあっては、大きなハンディキャップとなってしまう。きれいに日焼けしないのだ。ふだんの不健康そうな白か、火傷したかのように痛々しい赤の二種類にしか、ぼくの肌はならない。なのに、周囲のアメリカ人の振舞いに感化されてしまったのか、ぼくは健康的に日焼けした肌になるのを夢見始めた。そして、褐色のローションを塗って、日に焼けたように見せようとしてみたのである。

笑えるほど、みじめな失敗だった。ぼくは毎日せっせとローションを塗ったのだが、数週間して、まったく効果がないということに気づいた。ぼくのように長距離のジョギングを日課にしていると、汗でローションがすっかり流れてしまうのだ。いや、効果がないどころではない。ローションの混じった汗が額から流れ落ち、ぼくの眉毛は、びっくりするほど派手なオレンジ色に変色して、数週間、元に戻らなかったのである。また、ローションをいったん手に取って塗るせいで、掌の色もところどころ変わってしまい、しばらく人と握手することもできなかった。しかし、いい教訓になったと思う。以後、ぼくは、元気で健康な生活を送るのに必要な程度以上に、自分の身体をよくしようなどという馬鹿げた努力は決してしなくなった。

アメリカ社会では、往々にして、各人の抱える問題はみな即物的に解決可能なもの、解決すべきものと見なされるようである。不幸せに感じるなら、精神分析医にかかればいい。あるいは、ライフスタイル・コンサルタントや、デート・アドバイザーだっているという具合だ。こうした高価なカウンセリングのほか、一般向けには、自己啓発書(self-help books)という問題解決法も用意されている。おそらく、このような類の本が大量に出版されているのは、アメリカくらいのものだろう。多くのアメリカ人の心の中には、より幸福で、より完全な、より素晴らしい自分がつねにいるらしい。そして、その自分にめぐり会うためには、数ドル支払って、自己啓発書を買い込み、中に書かれているアドバイスに従いさえすればよいのである。

こうした自己啓発書が説くところは、驚くほど多様である。まず、容易に想像がつくことだが、イエスの言葉を拠りどころにしている本は多い。と言っても、必ずしも宗教的深みがあるというわけではない。自己啓発書の中のイエスは、神の預言者というより、ライフスタイル・コンサルタント程度に焼き直されている。また、驚くほど斬新な「科学」的見地から、体重を落とす画期的な方法を紹介する本もある（ただし、食事の量を減らして、もっと運動をするという地味で当たり前の原則をふまえたものは、ごく少ない）。こうした画期的方法は、数年後には有効性を否定されるか、忘れ去られていることだろう。いや、ことによると、あらためてそれを紹介する本が出てくるかもしれない。

このように数ある自己啓発書の教えのうち、いちばんぼくの印象に残っているのは、あることを心の中で想像するだけで、世界の方が自然とそれを実現してくれるというものだ。その本によると、たとえば「４ＷＤ自動車を買う」というように、思ったことをはっきりと具体的な文にして書きとめておくと、いっそう実現の可能性が高まるらしい。このような考え方は、イギリスではふつう「希望的観測」と呼ばれる。誰もまともな処世術とは思いはしない。

だが、こうして願いがかなったという実例を、最近、耳にした。ある人は、4WDのレンジローヴァーが欲しくなり、しばらく知り合いの間をそう言って回っていた。必ず実現するよう、「レンジローヴァーを手に入れる」と書いた紙を、冷蔵庫のドアに貼りつけてもいたらしい。そうしたら、ある日、彼はほんとうにレンジローヴァーを買ってきたのである。ただ問題は、支払いの算段もつかないのに、ローンでその車を買ったことだ。彼によれば、世界は自分の願いをかなえてくれるようできているのだから、お金はそのうち自分のところに入ってくるはずだという。彼がいま、どうしているかは知らないが、最後に消息を聞いたところでは、仕事をやめて、金属探知機を買い、秘められた埋蔵金を探していると言っていた。万一、彼が首尾よく埋蔵金を見つけたあかつきには、右に書き連ねた皮肉を、ぼくはいさぎよく撤回しよう。

最近では、自己啓発書市場は年に二〇億ドルもの規模に達するらしい。本全体の売れ行きがだんだん悪くなっているというのに、一〇年前の一九九八年と比べてほぼ四倍の数字である。なかでも図抜けて売れているのは、一九三六年に出版されたデール・カーネギーの『人を動かす』だ。刊行以来、世界各地で一五〇〇万部以上、売れているらしい。また、あまりに自己啓発書の種類が多いので、『自己啓発書五〇選　あなたの生活を変えるヒントとなる五〇冊の本』とかいった自己啓発書選びの自己啓発書まで書店には並んでいる。

これだけの種類の自己啓発書があれば、幸福になる方法やら自信を高める方法、さらには虐待を克服する方法まで、たいていのことを本から学ぶことができる。もちろん、理想の結婚相手を見つける方法も、そのひとつだ。だが、なかには恋人探しに役立つどころか、むしろ邪魔になっているのではないかと思える本も少なくない。このジャンルでいちばん有名なのは、一九九五年に出版された『ザ・ルールズ　理想の男性と結婚するための35の法則』だろう。交際を申し込んでくる男性に対して、女性が取るべき態度の鉄則が記されている。たとえば、この本が説くところによると、水曜日以降は週末のデートの申し込みに応じてはいけないらしい。その時点でまだ週末の予定が空いているとわかると、誰からも誘いのない女のように思われ、自分の魅力を下げることになりかねないからだそうだ。また、自分から彼に電話したりはせず、留守番電話のメッセージに折り返し電話をするのも数回に一回の割合でよいとも書いてある。男に自分を追いかけさせる方がよいということだろう。ぼくが、こうした「ルール」を知ったのは、一九九七年のことだ。その半年前、ぼくはあるアメリカ人女性に好意を持っていたのだが、つき合うのはあきらめた。自分では、お互いとてもいい雰囲気になってきていると思っていたのだが、あるとき、週末のデートの誘いを断られて、わからなくなってしまったのである。そこで、彼女の方に主導権を預け、「時間があるときに電話をください」と伝えたのだが、彼女は一度も電話してこなかった。それもこれも、みな『ザ・ルールズ』のせいだと、ぼくは思っている（たんに彼女がぼくのことを好きでなかったという可能性もある）。

デートと言えば、ニューヨークにやって来る独身男性の多くは、この街の女性たちのデートに対する効率一本槍の姿勢に、さぞかし面食らうことだろう。ニューヨークでは、女性は回数を重ねるのではなく、相手が重なるようにしてデートをする。つまり、こういうことだ。彼女たちは、深くつき合ってもいいと思う特定のひとりが現れるまで、おっぴらに複数の男性とデートするのである。いい人とめぐり会うと、「話し合い」をしてお互いの意思を確認し、次の段階へと進む。たいへん合理的で、手っ取り早いやり方だ。しかし、ひとりの相手のためにすべてを賭けることも、恋愛という非合理なものの大事な要素ではないか。結果として、間違った相手だったとわかることもあろう。そうなって初めて、別の相手を探せばいい。おまけに、このやり方だと、最初のうち、デートがまるで就職試験の面接のようになってしまうと聞く。職業や経済状態が詮索され、ファッション・センスがテストされ、家族構成や学歴、さらにはユーモアのセンスまでチェックされるのだ。うまくすべての条件をクリアできれば、もう一歩先へと関係を進めることができる。しかし、なんとロマンチックな香りのない交際だろう（そして、このように嘆いているのが、世界でもっとも「ロマンチック」という言葉から程遠いイギリス人男性だとは、なんという皮肉だろう）。ただ、アメリカでもバレンタイン・デイには、ロマンチックな演出が欠かせない。高価な花束を用意し、贅沢なディナーをご馳走することを、ゆめゆめ怠ってはならない。この日に相応の出費ができることが、恋人として不可欠な条件なのだ。

概してアメリカ人は、自分の境遇に満足できず、自分の力でどうにか変えてゆこうと考えるようだ。不幸であることに納得できないとも言えるかもしれない。アメリカ独立宣言には、万人に認められた「侵すべからざる権利」のことが記されているが、その中には「生存、自由、幸福の追求」が含まれている。ぼくは、こうした考え方そのものが不幸の一因ではないかと思うときがある。幸福とは、はっきりしたかたちがなく、つかまえがたいものだ。それなのに、誰もが幸福を手にする権利があるなどと言われると、まるで手の届かないところにある痒みのように、もどかしさばかりが募るのではないだろうか。

イギリス人は、アメリカ独立宣言のような大胆な宣言はめったにしない。しかし、かりに人が生涯に自由にしてよいことの基本規定を設けるなら、おそらくイギリス人であれば、好きなだけみじめな思いをし、少しは気が晴れるまで遠慮なく不平をこぼす権利なるものを書き入れるにちがいない。ともあれ、この章に書きつけてきたぼくのねじくれた愚痴は、その権利のささやかな実践である。

NEW YORK
MRBURGER
HYUNDAI•KIA•MAZDA

あとがき

「ニューヨークはアメリカじゃないよ」。こう言いながら、ある人は、ちょっと芝居がかった驚きの表情を浮かべてみせた。困惑した面持ちで、何度も首を横に振った人もいる。

ぼくが、「いまアメリカについての本を書いているところなんだ」と口にするといつも、周囲の人びとは不思議そうにぼくの顔を覗き込んでくる。次に「じゃ、どうしてニューヨークになんか、いるんだい?」という質問が来て、そして、例の言葉だ。彼らは確信を持って断言する。「ニューヨークはアメリカじゃないよ」。

奇妙な話である。ぼくの部屋の壁に貼ってある地図で調べてみると、ニューヨークはどう見ても、アメリカ合衆国の一部に含まれている。

いや、もちろん、周囲の人たちの言わんとすることはわかっている。ニューヨークは特別で、アメリカのほかの地域とは大きくちがうということだろう。しかし、それなら人間の頭部も、身体のほかの部分とは大きくちがうではないか。それでも、「頭は自分の身体の一部ではない」と考える人などいないはずだ。頭部が、身体を構成する絶対不可欠の部分であることに疑問の余地はあるまい。

言ってみれば、ニューヨークはアメリカの頭部のようなものである。決して、ほかから切り離されて、独立して存在しているわけではない。もちろん、ビジネスやアートの中心地、流行の発信源として、ひときわ目立つ位置を占めているのもたしかで、それゆえ、アメリカ全体を理解するうえで格好の入り口となっているのである。

それに、ニューヨークはアメリカの「玄関口」でもある。アメリカを訪れる人びとの多くが、最初に足を踏み入れるのがニューヨークだ。その後、長く住み続けるにしろ、あるいは別の街へと移るにしろ、何百万もの観光客、何世代にもわたる移民が、まずこの街にやって来る。その意味でも、アメリカ社会を考察するにあたって、ニューヨークを出発点とするのは、きわめて理にかなっていると言えるだろう。

さらに、ニューヨークから書き始めたのには、ぼくの個人的な理由もある。かつて一九九〇年代に、二度ばかりニューヨークに住んだ経験があるというのも理由のひとつだが、それ以上にぼくがこの街に縁を感じるのは、事によったら、ぼくはニューヨークで生まれ育っていたかもしれないからだ。ぼくの家族はアイルランドの出身で、二、三世代前の親類には、やむなく故郷を捨ててニューヨークへ移り住んだ人も多い。そのうちのひとり、ぼくから見れば大叔父にあたるジョン・オサリヴァンは、いまも元気にアメリカで暮らしている。

ぼくの曾祖父ジャック・ジョイスも、妻子をアイルランドに残し、単身アメリカへとやって来た。こちらで働いて稼いだ金を故郷に送り、家族を養っていたのである。曾祖父はその後、故郷の土を再び踏むことなく亡くなったのだが、最近わかったことによると、彼は第一次世界大戦にアメリカ軍兵士として従軍したらしい。だとしたら、彼の息子（つまり、ぼくの祖父）はアメリカの市民権を申請することもできたわけで、子ども（ぼくの父だ）を連れて、ニューヨークに移住することだってありえたのである。また、驚いたことに、ぼくの母親もアメリカ生まれになる可能性があったという。結局、断ることになったのだが、母方の祖母のところには、アメリカに移住する話が来ていたのだそうだ。

本書は、このアメリカという奇妙な国を包括的に概観しようとしたものではない。そうした書物としては、アレクシス・ド・トクヴィルがもう一七〇年も前に『アメリカのデモクラシー』を著しており、以後、この水準を上回るものは書かれていないように思う。ぼくが意図したのは、もっとパーソナルで、気ままな走り書きのようなものだ。アメリカで暮らしていて、ぼくが興味深く思ったことを書き連ねてみた――それが、読者のみなさんにとっても、興味深く思えることであればよいのだが。

また、トピックが真面目なものから軽いものへと、あまりに急に飛びすぎることも自覚している。これについては、それがぼくの思考のスタイルだからだとしか言いようがない。しかし、人生そのものも、そうではないだろうか。腹を抱えて笑っていると、突然、厳粛な瞬間が訪れる。美しいものに陶然としている最中に、気の滅入る事実に打ちのめされる。こうした崇高と卑小の間の大きな振幅を、日々、われわれは生きているのである。

ちょっとした運命のいたずらで、ぼくがアメリカに生まれ損なったのが幸運だったのかどうかは、まだ判断がつかない。しかし、よい友人に恵まれた幸運は、つねづね痛感している。日本からアメリカへ引っ越したばかりで多忙を極めていた時期に、たんなる友情というレベルを越えて親切な援助の手を差し伸べてくれたドゥエ、斎藤、グロウゴフ、太田、高杉の諸氏およびそのご家族のみなさんに、この場を借りてお礼を申し上げたい。
また、本書の執筆にあたり、前作に続いてNHK出版の方々のお世話になった。とくに林史郎氏、高森静香氏、中野毅氏の温かい励ましと助言には謝意を表したい。仕事の打ち合わせのみならず、インフォーマルな場で交わした楽しいやり取りも本書の内容に反映されている。

『ニューズウィーク日本版』の編集部のみなさんにも、あらためてお礼の言葉を述べておきたい。この雑誌で働いた経験なしには、いまのジャーナリストとしてのぼくはありえなかったと思う。

ほかにも謝辞を捧げねばならない人はたくさんいるが、とくにジェラード・キョウンの名前をここに記しておく。英語には「まさかの時の友こそ真の友」という諺があるが、ぼくにとって彼こそまさにそのような友人だ。ぼくが苦境に直面した折、いつもユーモアを失わずに接してくれる彼の態度が、どれほど助けになったかわからない。

そして、最後になってしまったが、前作『「ニッポン社会」入門』を手に取ってくださったみなさんに、心からの感謝を申し述べたい。なかには、わざわざ書評や、ぼく宛てに感想の手紙を書いてくださった方もいる。ぼくにとって、大きな励みとなった。時間がなくて、返事を差し上げられないことが多いが、いただいた手紙にはすべて目を通していることを、この場を借りてお伝えしておく。

さて、謝辞の次は謝罪である。本文中、ぼくは「癇に障るアメリカ人デイヴ」のことを悪く書きすぎたのではないかと危惧している。急いでつけ加えておくが、彼にはどこか憎めないところがあり、ぼくは彼の無礼を最終的には許していたのである。また、JETプログラムの「もうひとりのコリン」も、熱意にあふれた優秀な英語の先生だった。彼の方がぼくよりも人気があったことをこぼすなんて、大人げないことをしたと思う。一面的な描写になっていることをここで訂正するとともに、ふたりにお詫びしておきたい。

ぼくは本書で、すでに誰もが知っていることをあたかも自分が発見したかのように書いていたり、根拠薄弱な議論を定説として提示したりしているのではないかと、少々不安に思っている。間違った思い込みを事実として記しているところもあるかもしれない。かりに、そうした箇所があったとすれば、その責任はひとえにぼくにある。読者のみなさんの寛恕を請うしかない。

　本書を執筆している間、ぼくはまったく思いもよらなかった事実を知り、自分の先入観に修正を迫られることが何度もあった。一年前には少しも興味がなかった対象を、いま夢中になって追いかけている自分に、われながら驚くときもある。イギリスの思想家リチャード・セシルは、「知識へといたる第一歩は、自分が無知だと知ることだ」と述べている。この本を書くことが、ぼくにとって、その小さな第一歩を踏みだす機会となったことは間違いない。

コリン・ジョイス
(Colin Joyce)
1970年、ロンドン東部のロンフォード生まれ。オックスフォード大学で古代史と近代史を専攻。92年来日し、神戸で日本語を学ぶ。埼玉の公立高校の英語教師、『ニューズウィーク日本版』勤務を経て、英高級紙『デイリー・テレグラフ』の記者となる。現在、フリージャーナリスト。07年からニューヨーク在住。著書に『「ニッポン社会」入門』

谷岡健彦
(たにおか・たけひこ)
1965年大阪府生まれ。東京大学大学院英語英米文学専門分野修了。東京工業大学准教授。現代英国演劇専攻。翻訳書にコリン・ジョイス『「ニッポン社会」入門』など。

NHK出版 生活人新書 293

「アメリカ社会」入門 英国人ニューヨークに住む

二〇〇九(平成二十一)年六月十日 第一刷発行

著者 コリン・ジョイス 訳者 谷岡健彦

発行者 遠藤絢一
発行所 日本放送出版協会
〒一五〇―八〇八一 東京都渋谷区宇田川町四一―一
電話 (〇三)三七八〇―三三二八(編集)
(〇五七〇)〇〇〇―三二一(販売)
http://www.nhk-book.co.jp (ホームページ)
http://www.nhk-book-k.jp (携帯電話サイト)
振替 〇〇一一〇―一―四九七〇一
装幀 山崎信成
印刷 慶昌堂印刷・近代美術 製本 二葉製本

ISBN978-4-14-088293-1 C0236